TIMELESS BIBLE TRUTHS

In the year 1529, reformer, pastor, and theologian Martin Luther wrote a book of instruction to help people learn and apply to their lives the teachings of God's Holy Word. Commonly referred to as the Small Catechism, this work summarizes the teachings of Christian doctrine by dividing them into Six Chief Parts. These six timeless truths include the **Ten Commandments, The Apostles' Creed, the Lord's Prayer, The Sacrament of Holy Baptism, Confession, and the Sacrament of the Altar.** Also included in the catechism can be found a collection of Daily Prayers, a number of Bible quotations organized in the Table of Duties, and Christian Questions and Their Answers. In the pages that follow you will find the words of the Small Catechism creatively illustrated to help you reflect upon God's Word, both Law and Gospel, and what they mean for you in your life.

BÍBLICAS ETERNAS

En el año 1529, el reformador, pastor, y teólogo, Martín Lutero escribió un libro de instrucción para ayudar a las personas a aprender y aplicar a sus vidas enseñanzas de la Santa Palabra de Dios. Conocido comúnmente como el Catecismo Menor, esta obra resume las enseñanzas de la doctrina cristiana dividiéndola en seis partes principales. Estas seis verdades eternas incluyen **Los Diez Mandamientos, El Credo Apostólico, El Padrenuestro, El Sacramento del Santo Bautismo, La Confesión, y El Sacramento del Altar.** Incluido en el catecismo, también se puede encontrar una colección de Oraciones Diarias, un número de citas bíblicas organizadas en la Tabla de Deberes, y Preguntas Cristianas con sus Respuestas. En las páginas que siguen, encontrará las palabras del Catecismo Menor ilustrado en forma creativa para ayudarle a reflexionar en la palabra de Dios, tanto en la ley como en el evangelio, y en lo que ella significa para su vida.

THE TEN COMMANDMENTS
AS THE HEAD OF THE FAMILY SHOULD TEACH THEM
IN A SIMPLE WAY TO HIS HOUSEHOLD.
1. You shall have no other gods.
2. You shall not misuse the name of the Lord your God.
3. Remember the Sabbath day by keeping it holy.
4. Honor your father and your mother.
5. You shall not murder.
6. You shall not commit adultery.
7. You shall not steal.
8. You shall not give false testimony against your neighbor.
9. You shall not covet your neighbor's house.
10. You shall not covet your neighbor's wife, or his manservant, or maidservant, his ox or donkey, or anything that belongs to your neighbor.

THE FIRST COMMANDMENT
YOU SHALL HAVE NO OTHER GODS.
WHAT DOES THIS MEAN?
WE SHOULD FEAR, LOVE, AND TRUST IN GOD ABOVE ALL THINGS.
Martin Luther
1483-1546
20
20
20

LOS DIEZ MANDAMIENTOS
CÓMO EL JEFE DE FAMILIA DEBE ENSEÑARLOS EN FORMA MUY SENCILLA A LOS DE SU CASA.
1. No tengas otros dioses aparte de mí.
2. No hagas mal uso del nombre del Señor tu Dios.
3. Acuérdate del día de reposo, para santificarlo.
4. Honra a tu padre y a tu madre.
5. No mates.
6. No cometas adulterio.
7. No robes.
8. No digas mentiras en perjuicio de tu prójimo.
9. No codicies la casa de tu prójimo.
10. No codicies la mujer de tu prójimo, ni su esclavo o esclava, ni su buey ni su asno, ni nada que le pertenezca.

EL PRIMER MANDAMIENTO
NO TENGAS OTROS DIOSES APARTE DE MÍ.
¿QUÉ QUIERE DECIR ESTO?
SOBRE TODAS LAS COSAS DEBEMOS TEMER, AMAR, Y CONFIAR EN DIOS.
Martín Lutero
1483 - 1546

THE SECOND COMMANDMENT
YOU SHALL NOT MISUSE THE NAME OF THE LORD YOUR GOD.
WHAT DOES THIS MEAN?
WE SHOULD FEAR AND LOVE GOD SO THAT WE DO NOT CURSE, SWEAR...
$#@!
SLAM!
USE SATANIC ARTS...
HOROSCOPE
LIE, OR DECEIVE BY HIS NAME...
1-555-TEST-GOD
BUT CALL UPON IT IN EVERY TROUBLE, PRAY, PRAISE, AND GIVE THANKS.
THE THIRD COMMANDMENT
REMEMBER THE SABBATH DAY BY KEEPING IT HOLY.
WHAT DOES THIS MEAN?
WE SHOULD FEAR AND LOVE GOD SO THAT WE DO NOT DESPISE PREACHING AND HIS WORD...
Holy Bible
BUT HOLD IT SACRED AND GLADLY HEAR AND LEARN IT.

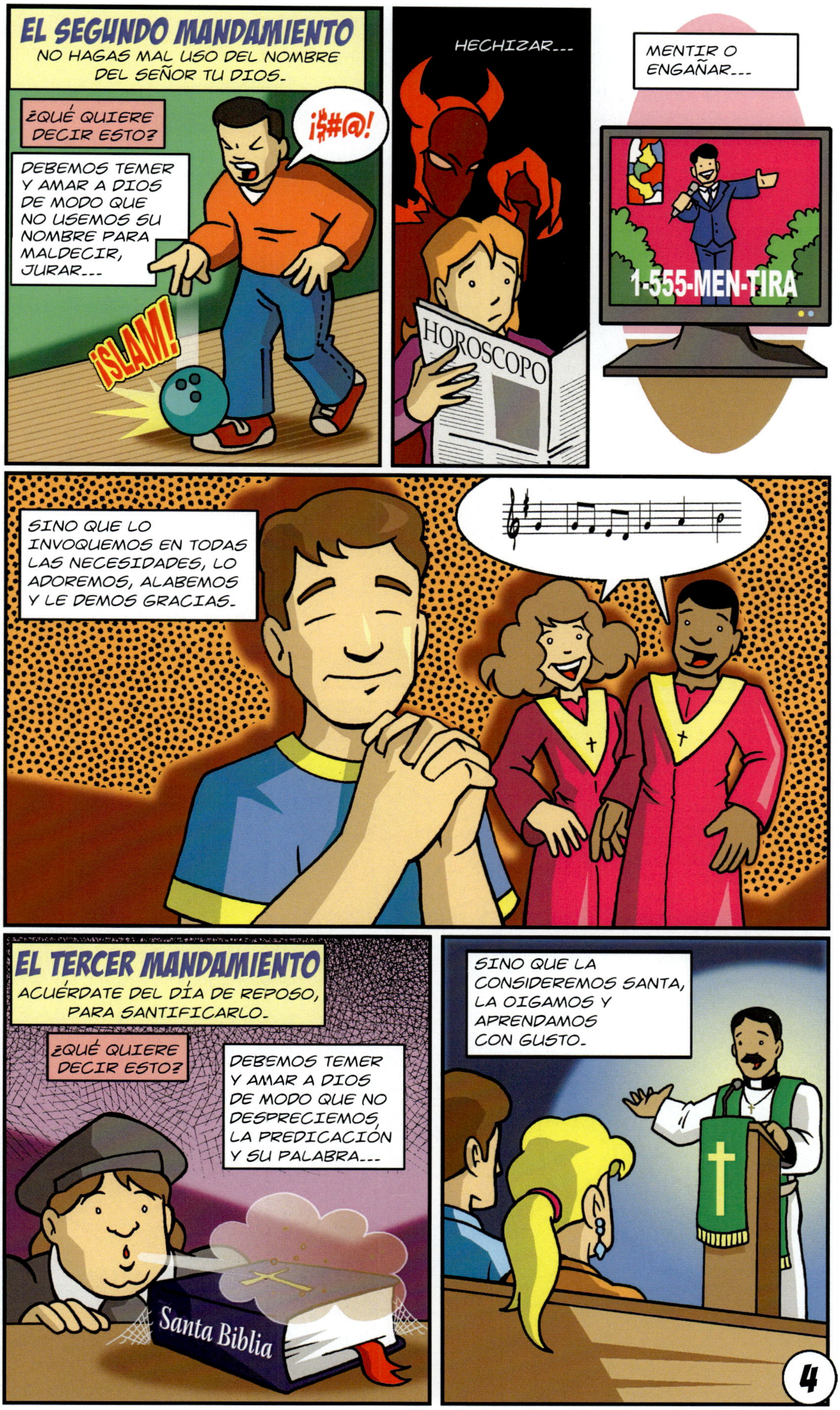
EL SEGUNDO MANDAMIENTO
NO HAGAS MAL USO DEL NOMBRE DEL SEÑOR TU DIOS.
¿QUÉ QUIERE DECIR ESTO?
¡$#@!
DEBEMOS TEMER Y AMAR A DIOS DE MODO QUE NO USEMOS SU NOMBRE PARA MALDECIR, JURAR...
¡SLAM!
HECHIZAR...
HOROSCOPO
MENTIR O ENGAÑAR...
1-555-MEN-TIRA
SINO QUE LO INVOQUEMOS EN TODAS LAS NECESIDADES, LO ADOREMOS, ALABEMOS Y LE DEMOS GRACIAS.
EL TERCER MANDAMIENTO
ACUÉRDATE DEL DÍA DE REPOSO, PARA SANTIFICARLO.
¿QUÉ QUIERE DECIR ESTO?
DEBEMOS TEMER Y AMAR A DIOS DE MODO QUE NO DESPRECIEMOS, LA PREDICACIÓN Y SU PALABRA...
Santa Biblia
SINO QUE LA CONSIDEREMOS SANTA, LA OIGAMOS Y APRENDAMOS CON GUSTO.

THE FOURTH COMMANDMENT
HONOR YOUR FATHER AND YOUR MOTHER.
WHAT DOES THIS MEAN?
WE SHOULD FEAR AND LOVE GOD SO THAT WE DO NOT DESPISE OR ANGER OUR PARENTS...
AND OTHER AUTHORITIES,
BUT HONOR THEM, SERVE AND OBEY THEM, LOVE AND CHERISH THEM.
4x+5=17
THE FIFTH COMMANDMENT
YOU SHALL NOT MURDER.
WHAT DOES THIS MEAN?
WE SHOULD FEAR AND LOVE GOD SO THAT WE DO NOT HURT OR HARM OUR NEIGHBOR IN HIS BODY...
BEER
Abortion Cli
BUT HELP AND SUPPORT HIM IN EVERY PHYSICAL NEED.
Donate Blood Today

EL CUARTO MANDAMIENTO
HONRA A TU PADRE Y A TU MADRE
¿QUÉ QUIERE DECIR ESTO?
DEBEMOS TEMER Y AMAR A DIOS DE MODO QUE NO DESPRECIEMOS NI IRRITEMOS A NUESTROS PADRES...
Y SUPERIORES,
SINO QUE LOS HONREMOS, LES SIRVAMOS, OBEDEZCAMOS, LOS AMEMOS Y TENGAMOS EN ALTA ESTIMA.
4x+5=17
EL QUINTO MANDAMIENTO
NO MATES.
¿QUÉ QUIERE DECIR ESTO?
DEBEMOS TEMER Y AMAR A DIOS DE MODO QUE NO HAGAMOS DAÑO O MAL MATERIAL ALGUNO A NUESTRO PRÓJIMO EN SU CUERPO...
CERVEZA
Clínica de abortos
SINO QUE LE AYUDEMOS Y HAGAMOS PROSPERAR EN TODAS LAS NECESIDADES DE SU VIDA.
Dona Sangre

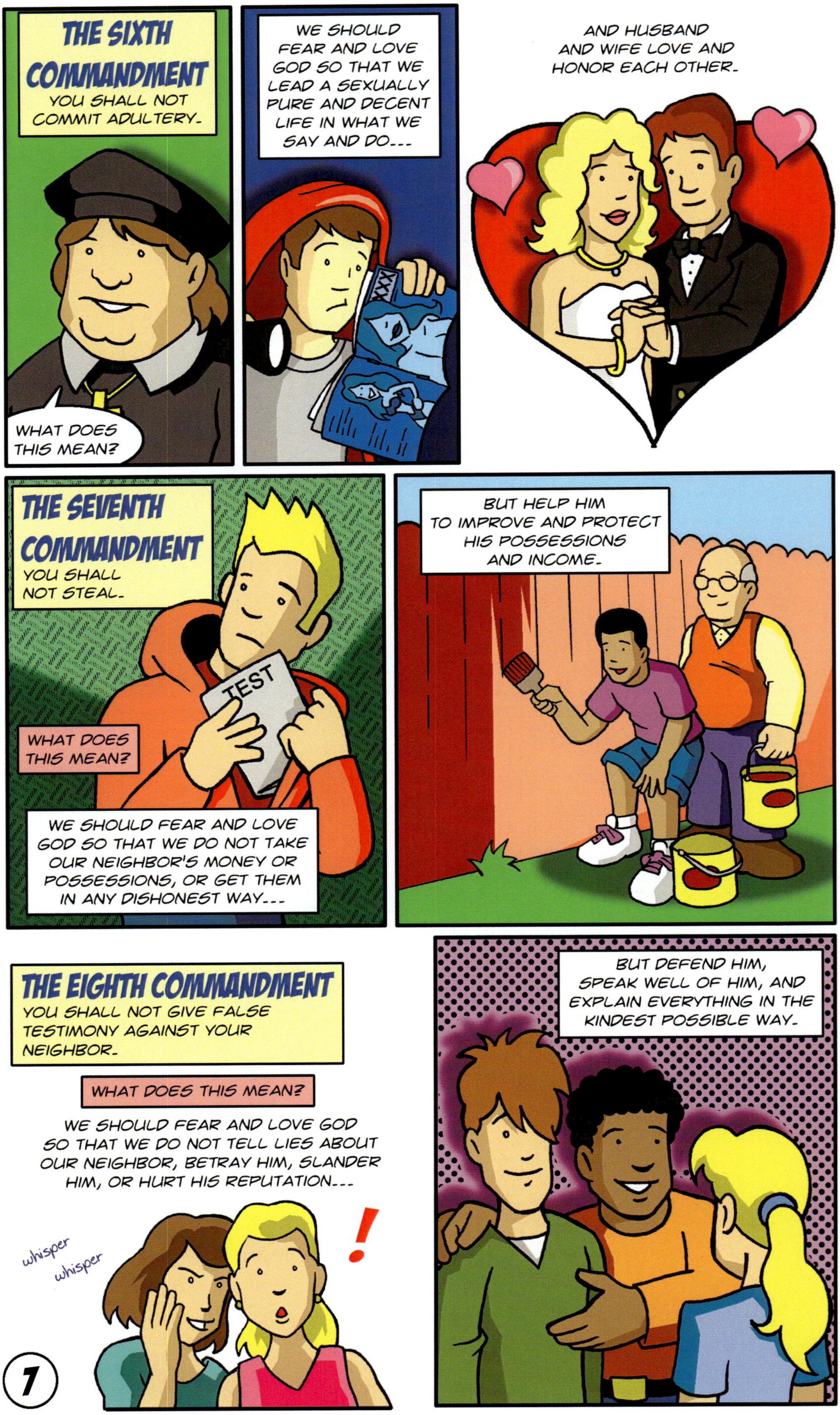
THE SIXTH COMMANDMENT
YOU SHALL NOT COMMIT ADULTERY.
WHAT DOES THIS MEAN?
WE SHOULD FEAR AND LOVE GOD SO THAT WE LEAD A SEXUALLY PURE AND DECENT LIFE IN WHAT WE SAY AND DO...
XXX
AND HUSBAND AND WIFE LOVE AND HONOR EACH OTHER.
THE SEVENTH COMMANDMENT
YOU SHALL NOT STEAL.
TEST
WHAT DOES THIS MEAN?
WE SHOULD FEAR AND LOVE GOD SO THAT WE DO NOT TAKE OUR NEIGHBOR'S MONEY OR POSSESSIONS, OR GET THEM IN ANY DISHONEST WAY...
BUT HELP HIM TO IMPROVE AND PROTECT HIS POSSESSIONS AND INCOME.
THE EIGHTH COMMANDMENT
YOU SHALL NOT GIVE FALSE TESTIMONY AGAINST YOUR NEIGHBOR.
WHAT DOES THIS MEAN?
WE SHOULD FEAR AND LOVE GOD SO THAT WE DO NOT TELL LIES ABOUT OUR NEIGHBOR, BETRAY HIM, SLANDER HIM, OR HURT HIS REPUTATION...
whisper
whisper
!
BUT DEFEND HIM, SPEAK WELL OF HIM, AND EXPLAIN EVERYTHING IN THE KINDEST POSSIBLE WAY.

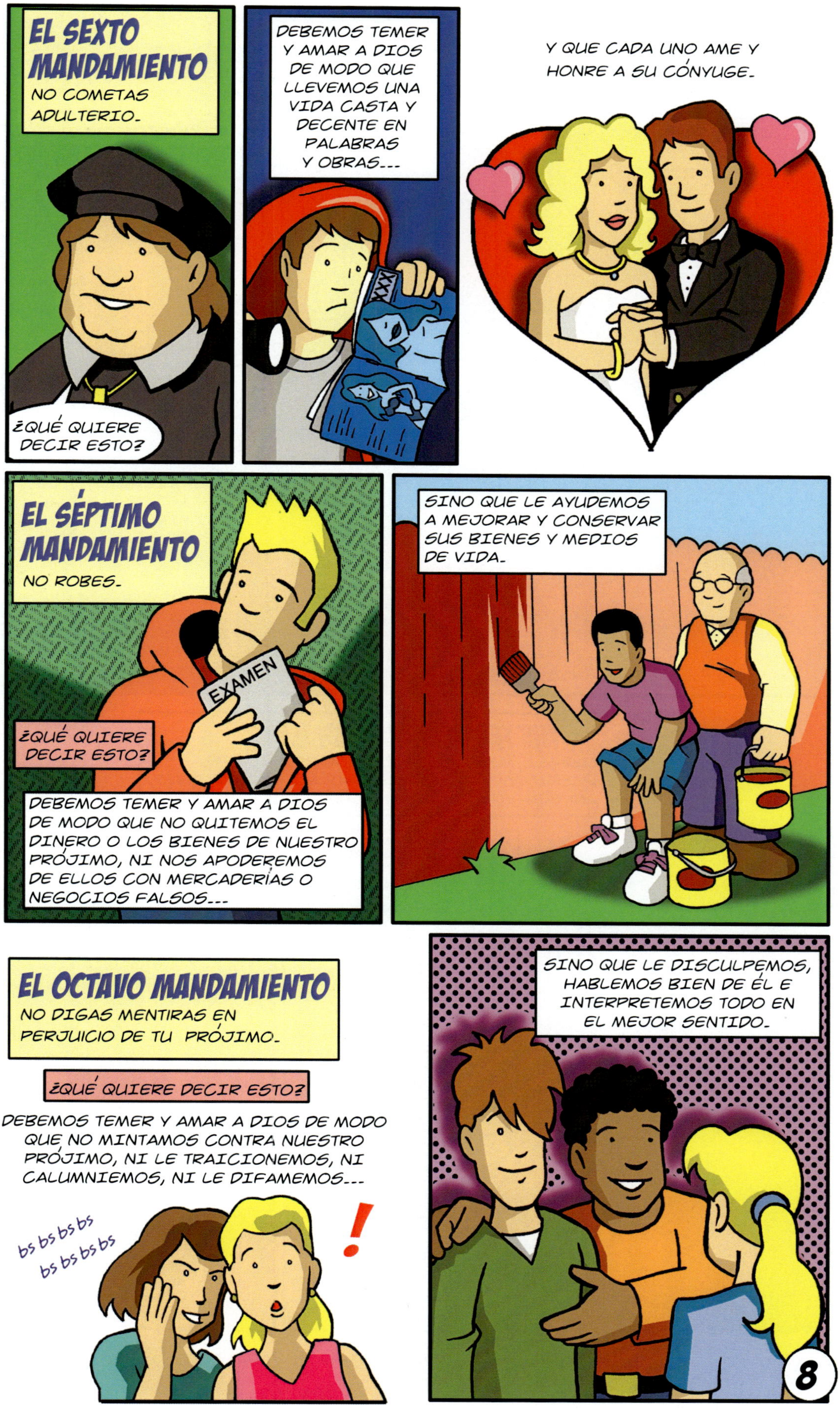
EL SEXTO MANDAMIENTO
NO COMETAS ADULTERIO.
¿QUÉ QUIERE DECIR ESTO?
DEBEMOS TEMER Y AMAR A DIOS DE MODO QUE LLEVEMOS UNA VIDA CASTA Y DECENTE EN PALABRAS Y OBRAS...
XXX
Y QUE CADA UNO AME Y HONRE A SU CÓNYUGE.
EL SÉPTIMO MANDAMIENTO
NO ROBES.
EXAMEN
¿QUÉ QUIERE DECIR ESTO?
DEBEMOS TEMER Y AMAR A DIOS DE MODO QUE NO QUITEMOS EL DINERO O LOS BIENES DE NUESTRO PRÓJIMO, NI NOS APODEREMOS DE ELLOS CON MERCADERÍAS O NEGOCIOS FALSOS...
SINO QUE LE AYUDEMOS A MEJORAR Y CONSERVAR SUS BIENES Y MEDIOS DE VIDA.
EL OCTAVO MANDAMIENTO
NO DIGAS MENTIRAS EN PERJUICIO DE TU PRÓJIMO.
¿QUÉ QUIERE DECIR ESTO?
DEBEMOS TEMER Y AMAR A DIOS DE MODO QUE NO MINTAMOS CONTRA NUESTRO PRÓJIMO, NI LE TRAICIONEMOS, NI CALUMNIEMOS, NI LE DIFAMEMOS...
bs bs bs bs
bs bs bs bs
!
SINO QUE LE DISCULPEMOS, HABLEMOS BIEN DE ÉL E INTERPRETEMOS TODO EN EL MEJOR SENTIDO.

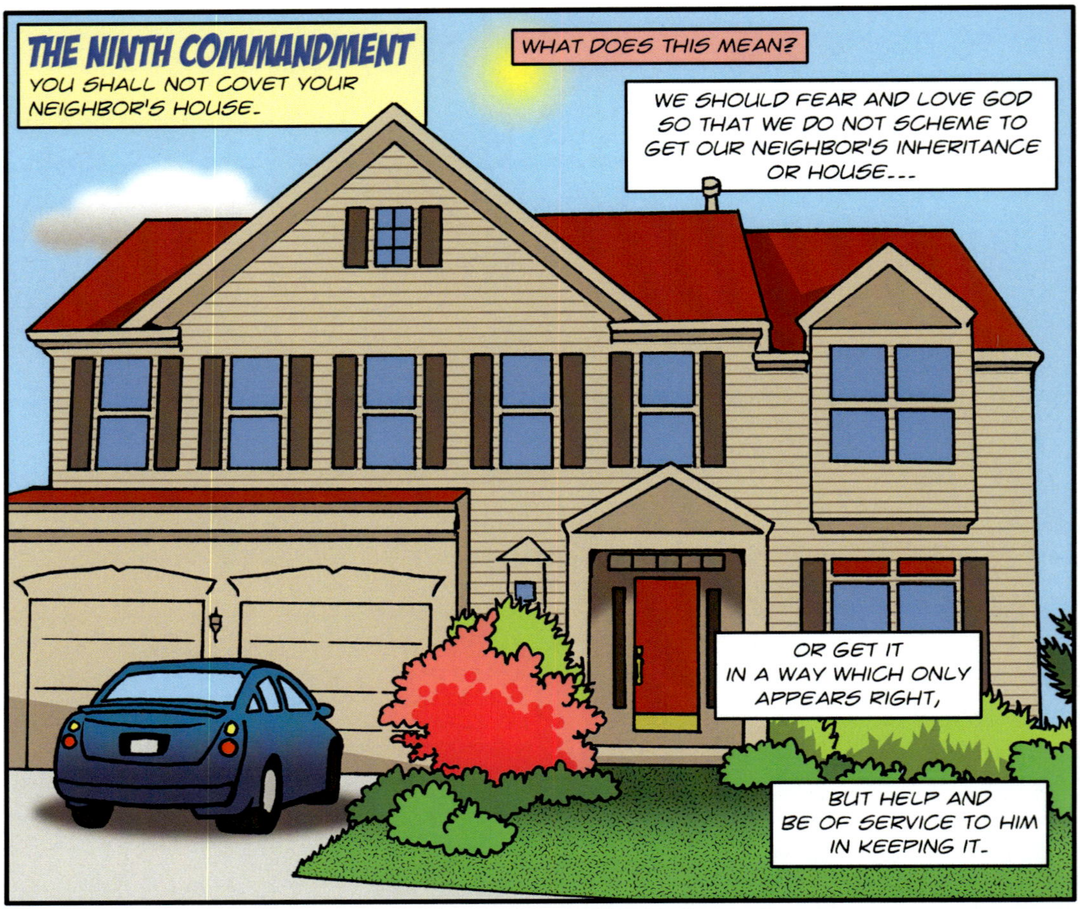

THE TENTH COMMANDMENT

YOU SHALL NOT COVET YOUR NEIGHBOR'S WIFE, OR HIS MANSERVANT, OR MAIDSERVANT, HIS OX OR DONKEY, OR ANYTHING THAT BELONGS TO YOUR NEIGHBOR.

WHAT DOES THIS MEAN?

WE SHOULD FEAR AND LOVE GOD SO THAT WE DO NOT ENTICE OR FORCE AWAY...

BUT URGE THEM TO STAY AND DO THEIR DUTY.

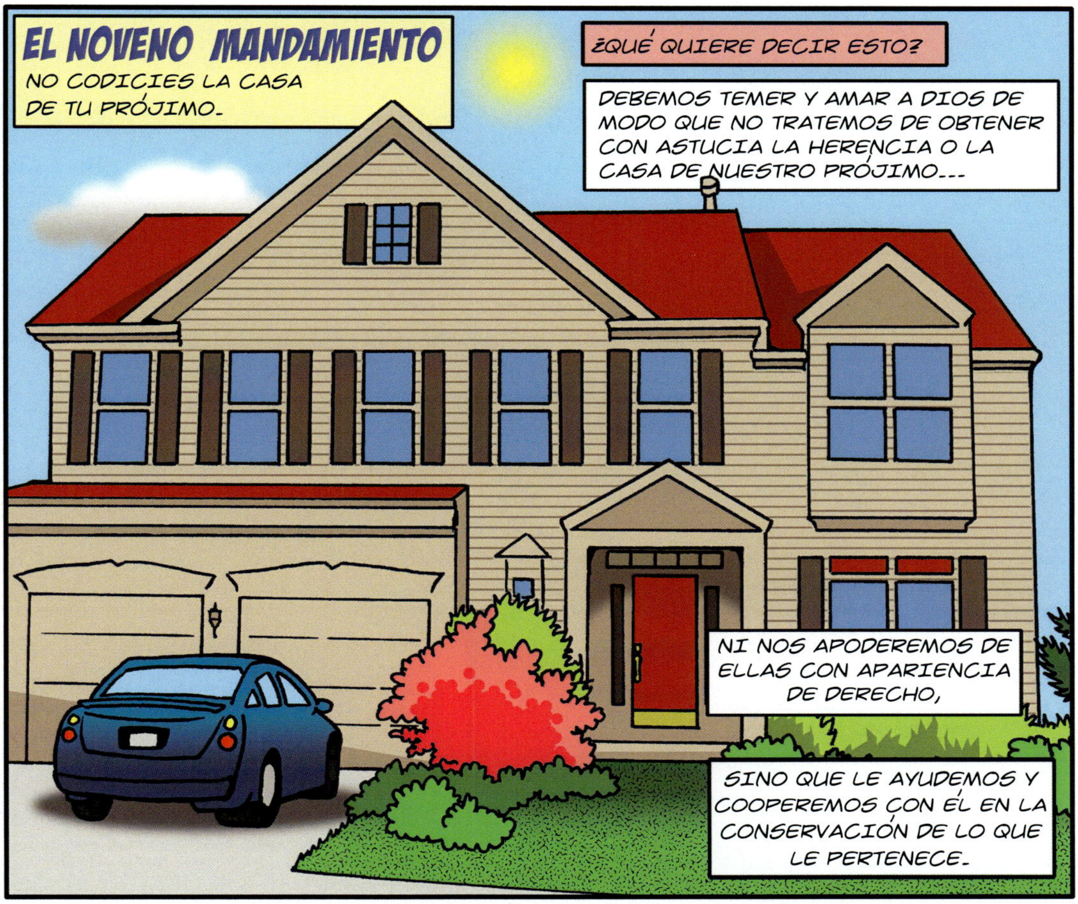

EL DÉCIMO MANDAMIENTO

NO CODICIES LA MUJER DE TU PRÓJIMO NI SU ESCLAVO O ESCLAVA, NI SU BUEY NI SU ASNO, NI NADA QUE LE PERTENEZCA

¿QUÉ QUIERE DECIR ESTO?

DEBEMOS TEMER Y AMAR A DIOS DE MODO QUE NO LE QUITEMOS AL PRÓJIMO...

NI LOS ALEJEMOS, NI HAGAMOS QUE LO ABANDONEN, SINO QUE LOS INSTEMOS A QUE PERMANEZCAN CON ÉL Y CUMPLAN CON SUS OBLIGACIONES.

THE CLOSE OF THE COMMANDMENTS
WHAT DOES GOD SAY ABOUT ALL OF THESE COMMANDMENTS?
HE SAYS, "I, THE LORD YOUR GOD, AM A JEALOUS GOD,
PUNISHING THE CHILDREN FOR THE SIN OF THE FATHERS TO THE THIRD AND FOURTH GENERATION OF THOSE WHO HATE ME...
BUT SHOWING LOVE TO A THOUSAND GENERATIONS OF THOSE WHO LOVE ME AND KEEP MY COMMANDMENTS" (EXODUS 20:5–6).
THE TEN COMMANDMENTS
WHAT DOES THIS MEAN?
GOD THREATENS TO PUNISH ALL WHO BREAK THESE COMMANDMENTS.
THEREFORE, WE SHOULD FEAR HIS WRATH AND NOT DO ANYTHING AGAINST THEM.
BUT HE PROMISES GRACE AND EVERY BLESSING TO ALL WHO KEEP THESE COMMANDMENTS.
THEREFORE, WE SHOULD ALSO LOVE AND TRUST IN HIM AND GLADLY DO WHAT HE COMMANDS.

LA CONCLUSIÓN DE LOS MANDAMIENTOS
¿QUÉ DICE DIOS DE TODOS ESTOS MANDAMIENTOS EN CONJUNTO?
DICE ASÍ: "YO SOY EL SEÑOR TU DIOS, DIOS CELOSO QUE CASTIGA LA MALDAD DE LOS PADRES QUE ME ODIAN, EN LOS HIJOS, NIETOS Y BISNIETOS...
POR EL CONTRARIO, CUANDO ME AMAN Y CUMPLEN MIS MANDAMIENTOS, LES MUESTRO MI AMOR POR MIL GENERACIONES" (ÉXODO 20:5–6).
LOS DIEZ MANDAMIENTOS
¿QUÉ QUIERE DECIR ESTO?
DIOS AMENAZA CASTIGAR A TODOS LOS QUE TRASPASAN ESTOS MANDAMIENTOS. POR LO TANTO, DEBEMOS TEMER SU IRA Y NO ACTUAR EN CONTRA DE DICHOS MANDAMIENTOS.
EN CAMBIO, ÉL PROMETE GRACIA Y TODO GÉNERO DE BIENES A TODOS LOS QUE LOS CUMPLEN. POR TANTO, DEBEMOS AMARLO Y CONFIAR EN ÉL Y ACTUAR GUSTOSOS CONFORME A SUS MANDAMIENTOS.

THE CREED

AS THE HEAD OF THE FAMILY SHOULD TEACH IT IN A SIMPLE WAY TO HIS HOUSEHOLD.

I believe in God, the Father Almighty,
Maker of heaven and earth.

And in Jesus Christ, His only Son, our Lord,
who was conceived by the Holy Spirit,
born of the Virgin Mary, suffered under
Pontius Plate, was crucified, died and was buried.
He descended into hell. The third day He rose
again from the dead. He ascended into heaven
and sits at the right hand of God, the Father
Almighty. From thence He will come to judge
the living and the dead.

I believe in the Holy Spirit, the holy Christian
church, the communion of saints, the
forgiveness of sins, the resurrection of the
body, and the life everlasting. Amen.

EL CREDO

CÓMO EL JEFE DE FAMILIA DEBE ENSEÑARLO EN FORMA MUY SENCILLA A LOS DE SU CASA.

THE FIRST ARTICLE: CREATION
I BELIEVE IN GOD, THE FATHER ALMIGHTY, MAKER OF HEAVEN AND EARTH.
WHAT DOES THIS MEAN?
I BELIEVE THAT GOD HAS MADE ME AND ALL CREATURES...
THAT HE HAS GIVEN ME MY BODY AND SOUL, EYES, EARS, AND ALL MY MEMBERS...
MY REASON AND ALL MY SENSES...
AND STILL TAKES CARE OF THEM.

ARTÍCULO PRIMERO: LA CREACIÓN
CREO EN DIOS PADRE TODOPODEROSO, CREADOR DEL CIELO Y DE LA TIERRA.
¿QUÉ QUIERE DECIR ESTO?
CREO QUE DIOS ME HA CREADO Y TAMBIÉN A TODAS LAS CRIATURAS...

QUE ME HA DADO CUERPO Y ALMA, OJOS, OÍDOS Y TODOS LOS MIEMBROS...
LA RAZÓN Y TODOS LOS SENTIDOS...
Y AÚN LOS SOSTIENE.

ALL THIS HE DOES ONLY OUT OF FATHERLY, DIVINE GOODNESS AND MERCY, WITHOUT ANY MERIT OR WORTHINESS IN ME.

FOR ALL THIS IT IS MY DUTY TO THANK AND PRAISE, SERVE AND OBEY HIM.

THIS IS MOST CERTAINLY TRUE.

Y TODO ESTO POR PURA BONDAD Y MISERICORDIA PATERNAL Y DIVINA, SIN QUE YO EN MANERA ALGUNA LO MEREZCA NI SEA DIGNO DE ELLO.

POR TODO ESTO DEBO DARLE GRACIAS, ENSALZARLO, SERVIRLE Y OBEDECERLE.

ESTO ES CON TODA CERTEZA LA VERDAD.

THE SECOND ARTICLE: REDEMPTION
AND IN JESUS CHRIST, HIS ONLY SON, OUR LORD...
WHO WAS CONCEIVED BY THE HOLY SPIRIT...
BORN OF THE VIRGIN MARY...
SUFFERED UNDER PONTIUS PLATE...
WAS CRUCIFIED, DIED AND WAS BURIED.
HE DESCENDED INTO HELL.
VICTORY
THE THIRD DAY HE ROSE AGAIN FROM THE DEAD.
HE ASCENDED INTO HEAVEN...
AND SITS AT THE RIGHT HAND OF GOD, THE FATHER ALMIGHTY.
FROM THENCE HE WILL COME TO JUDGE THE LIVING AND THE DEAD.

ARTÍCULO SEGUNDO: LA REDENCIÓN
Y EN JESUCRSITO, SU ÚNICO HIJO, NUESTRO SEÑOR...
QUE FUE CONCEBIDO POR OBRA DEL ESPÍRITU SANTO...
NACIÓ DE LA VIRGEN MARÍA...
PADECIÓ BAJO EL PODER DE PONCIO PILATOS...
FUE CRUCIFICADO, MUERTO Y SEPULTADO...
DESCENDIÓ A LOS INFIERNOS.
VICTORIA
AL TERCER DÍA RESUCITÓ DE ENTRE LOS MUERTOS...
SUBIÓ A LOS CIELOS...
Y ESTÁ SENTADO A LA DIESTRA DE DIOS PADRE TODOPODEROSO; Y DESDE ALLÍ HA DE VENIR A JUZGAR A LOS VIVOS Y A LOS MUERTOS.

WHAT DOES THIS MEAN?
I BELIEVE THAT JESUS CHRIST, TRUE GOD, BEGOTTEN OF THE FATHER FROM ETERNITY...
AND ALSO TRUE MAN, BORN OF THE VIRGIN MARY, IS MY LORD.
WHO HAS REDEEMED ME, A LOST AND CONDEMNED PERSON...
GOD
HELL
PURCHASED AND WON ME FROM ALL SINS...
FROM DEATH...
AND FROM THE POWER OF THE DEVIL;
SiN
R.I.P.

¿QUÉ QUIERE DECIR ESTO?
CREO QUE JESUCRISTO, VERDADERO DIOS ENGENDRADO DEL PADRE EN LA ETERNIDAD...
Y TAMBIÉN VERDADERO HOMBRE NACIDO, DE LA VIRGEN MARÍA, ES MI SEÑOR.
DIOS
QUE ME HA REDIMIDO A MÍ, HOMBRE PERDIDO Y CONDENADO...
INFIERNO
Y ME HA RESCATADO Y CONQUISTADO DE TODOS LOS PECADOS...
DE LA MUERTE...
Y DEL PODER DEL DIABLO;
PECADO
Q.E.P.D.

NOT WITH GOLD OR SILVER...
BUT WITH HIS HOLY, PRECIOUS BLOOD AND WITH HIS INNOCENT SUFFERING AND DEATH...
THAT I MAY BE HIS OWN AND LIVE UNDER HIM IN HIS KINGDOM,
AND SERVE HIM IN EVERLASTING RIGHTEOUSNESS, INNOCENCE, AND BLESSEDNESS,
JUST AS HE IS RISEN FROM THE DEAD, LIVES AND REIGNS TO ALL ETERNITY.
THIS IS MOST CERTAINLY TRUE.

NO CON ORO O PLATA...
SINO CON SU SANTA Y PRECIOSA SANGRE Y CON SU INOCENTE PASIÓN Y MUERTE...
Y TODO ESTO LO HIZO PARA QUE YO SEA SUYO Y VIVA BAJO ÉL EN SU REINO,
Y LE SIRVA EN JUSTICIA, INOCENCIA Y BIENAVENTURANZA ETERNAS,
ASÍ COMO ÉL RESUCITÓ DE LA MUERTE Y VIVE Y REINA ETERNAMENTE.
ESTO ES CON TODA CERTEZA LA VERDAD.
24

THE THIRD ARTICLE: SANCTIFICATION
I BELIEVE IN THE HOLY SPIRIT, THE HOLY CHRISTIAN CHURCH, THE COMMUNION OF SAINTS, THE FORGIVENESS OF SINS, THE RESURRECTION OF THE BODY, AND THE LIFE EVERLASTING. AMEN.
WHAT DOES THIS MEAN?
I BELIEVE THAT I CANNOT BY MY OWN REASON...
PhD
OR STRENGTH BELIEVE IN JESUS CHRIST, MY LORD, OR COME TO HIM;
BUT THE HOLY SPIRIT HAS CALLED ME BY THE GOSPEL...
SPIRIT
ENLIGHTENED ME WITH HIS GIFTS...
SANCTIFIED AND KEPT ME IN THE TRUE FAITH.

ARTÍCULO TERCERO: LA SANTIFICACIÓN
CREO EN EL ESPÍRITU SANTO; LA SANTA IGLESIA CRISTIANA, LA COMUNIÓN DE LOS SANTOS; EL PERDÓN DE LOS PECADOS; LA RESURRECCIÓN DE LA CARNE Y LA VIDA PERDURABLE. AMÉN.
¿QUÉ QUIERE DECIR ESTO?
CREO QUE NI POR MI PROPIA RAZÓN...
DOCTORADO
NI POR MIS PROPIAS FUERZAS SOY CAPAZ DE CREER EN JESUCRISTO, MI SEÑOR, O VENIR A ÉL...
SINO QUE EL ESPÍRITU SANTO ME HA LLAMADO MEDIANTE EL EVANGELIO...
ESPÍRITU
ME HA ILUMINADO CON SUS DONES...
Y ME HA SANTIFICADO Y CONSERVADO EN LA VERDADERA FE.

IN THE SAME WAY HE CALLS, GATHERS, ENLIGHTENS, AND SANCTIFIES THE WHOLE CHRISTIAN CHURCH ON EARTH, AND KEEPS IT WITH JESUS CHRIST IN THE ONE TRUE FAITH.
IN THIS CHRISTIAN CHURCH HE DAILY AND RICHLY FORGIVES ALL MY SINS AND THE SINS OF ALL BELIEVERS.
SIN
ON THE LAST DAY HE WILL RAISE ME AND ALL THE DEAD, AND GIVE ETERNAL LIFE TO ME AND ALL BELIEVERS IN CHRIST.
THIS IS MOST CERTAINLY TRUE.

DEL MISMO MODO COMO ÉL LLAMA, CONGREGA, ILUMINA Y SANTIFICA A TODA LA CRISTIANDAD EN LA TIERRA, Y LA CONSERVA UNIDA A JESUCRISTO EN LA VERDADERA Y ÚNICA FE.
EN ESTA CRISTIANDAD ÉL ME PERDONA TODOS LOS PECADOS A MÍ Y A TODOS LOS CREYENTES, DIARIA Y ABUNDANTEMENTE.
PECADO
Y EN EL ÚLTIMO DÍA ME RESUCITARÁ A MÍ Y A TODOS LOS MUERTOS Y ME DARÁ EN CRISTO, JUNTAMENTE CON TODOS LOS CREYENTES, LA VIDA ETERNA.
CIELO
ESTO ES CON TODA CERTEZA LA VERDAD.

THE LORD'S PRAYER
AS THE HEAD OF THE FAMILY SHOULD TEACH IT IN A SIMPLE WAY TO HIS HOUSEHOLD.
Our Father, who art in heaven,
hallowed be Thy name,
Thy kingdom come,
Thy will be done on earth
as it is in heaven.
Give us this day our daily bread;
and forgive us our trespasses
as we forgive those who
trespass against us;
and lead us not into temptation,
but deliver us from evil.
For Thine is the kingdom
and the power and the glory
forever and ever. Amen.

THE INTRODUCTION
OUR FATHER WHO ART IN HEAVEN.
WHAT DOES THIS MEAN?
WITH THESE WORDS GOD TENDERLY INVITES US TO BELIEVE THAT HE IS OUR TRUE FATHER AND THAT WE ARE HIS TRUE CHILDREN...
SO THAT WITH ALL BOLDNESS AND CONFIDENCE WE MAY ASK HIM AS DEAR CHILDREN ASK THEIR DEAR FATHER.

EL PADRE NUESTRO
CÓMO EL JEFE DE FAMILIA DEBE ENSEÑARLO EN FORMA MUY SENCILLA A LOS DE SU CASA.
Padre nuestro que estás en los cielos. Santificado sea tu nombre. Venga a nos tu reino. Hágase tu voluntad, así en la tierra como en el cielo. El pan nuestro de cada día, dánoslo hoy. Y perdónanos nuestras deudas, así como nosotros perdonamos a nuestros deudores. Y no nos dejes caer en la tentación. Mas líbranos del mal. Porque tuyo es el reino el poder y la gloria por los siglos de los siglos. Amén.
LA INTRODUCCIÓN
PADRE NUESTRO QUE ESTÁS EN LOS CIELOS
¿QUÉ QUIERE DECIR ESTO?
CON ESTO, DIOS QUIERE ATRAERNOS PARA QUE CREAMOS QUE ÉL ES NUESTRO VERDADERO PADRE Y NOSOTROS SUS VERDADEROS HIJOS...
A FIN DE QUE LE PIDAMOS CON VALOR Y PLENA CONFIANZA, COMO HIJOS AMADOS A SU AMOROSO PADRE.

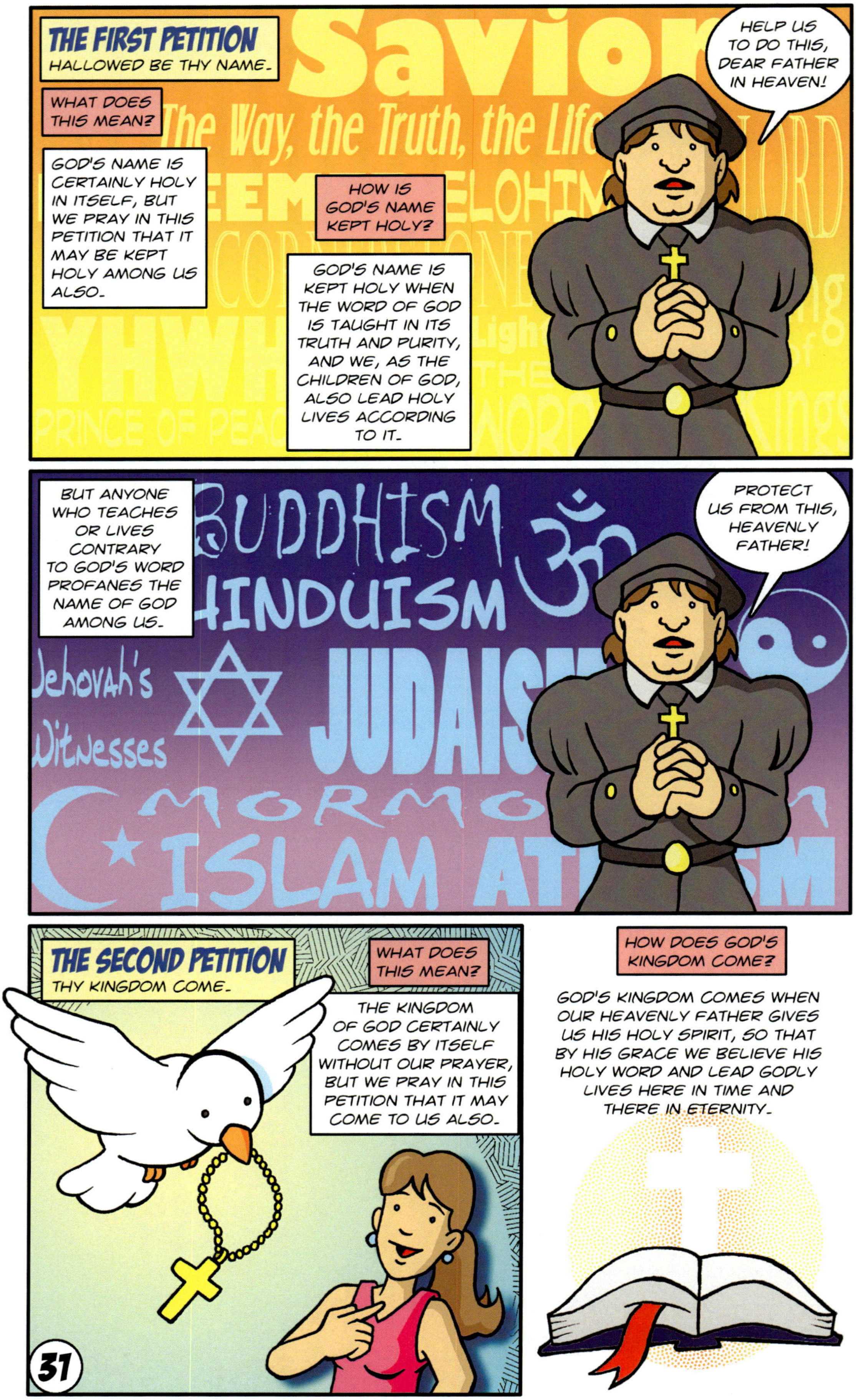
THE FIRST PETITION
HALLOWED BE THY NAME.
WHAT DOES THIS MEAN?
GOD'S NAME IS CERTAINLY HOLY IN ITSELF, BUT WE PRAY IN THIS PETITION THAT IT MAY BE KEPT HOLY AMONG US ALSO.
HOW IS GOD'S NAME KEPT HOLY?
GOD'S NAME IS KEPT HOLY WHEN THE WORD OF GOD IS TAUGHT IN ITS TRUTH AND PURITY, AND WE, AS THE CHILDREN OF GOD, ALSO LEAD HOLY LIVES ACCORDING TO IT.
HELP US TO DO THIS, DEAR FATHER IN HEAVEN!
BUT ANYONE WHO TEACHES OR LIVES CONTRARY TO GOD'S WORD PROFANES THE NAME OF GOD AMONG US.
BUDDHISM
HINDUISM
Jehovah's Witnesses
ISLAM
PROTECT US FROM THIS, HEAVENLY FATHER!
THE SECOND PETITION
THY KINGDOM COME.
WHAT DOES THIS MEAN?
THE KINGDOM OF GOD CERTAINLY COMES BY ITSELF WITHOUT OUR PRAYER, BUT WE PRAY IN THIS PETITION THAT IT MAY COME TO US ALSO.
HOW DOES GOD'S KINGDOM COME?
GOD'S KINGDOM COMES WHEN OUR HEAVENLY FATHER GIVES US HIS HOLY SPIRIT, SO THAT BY HIS GRACE WE BELIEVE HIS HOLY WORD AND LEAD GODLY LIVES HERE IN TIME AND THERE IN ETERNITY.
31

PRIMERA PETICIÓN
SANTIFICADO SEA TU NOMBRE.
SALVADOR
El camino, la verdad, la vida
ELOHIM
PRINCIPE DE PAZ
¿QUÉ QUIERE DECIR ESTO?
EL NOMBRE DE DIOS YA ES SANTO DE POR SÍ; PERO ROGAMOS CON ESTA PETICIÓN QUE SEA SANTIFICADO TAMBIÉN ENTRE NOSOTROS.
¿CÓMO SUCEDE ESTO?
CUANDO LA PALABRA DE DIOS ES ENSEÑADA EN TODA SU PUREZA, CUANDO TAMBIÉN VIVIMOS SANTAMENTE CONFORME A ELLA, COMO HIJOS DE DIOS.
¡AYÚDANOS A QUE ESTO SEA ASÍ, AMADO PADRE CELESTIAL!
PERO QUIEN ENSEÑA Y VIVE DE MANERA DISTINTA DE LO QUE ENSEÑA LA PALABRA DE DIOS, PROFANA ENTRE NOSOTROS EL NOMBRE DE DIOS.
BUDISMO
HINDUISMO
Testigos de Jehová
ISLAM
DE ELLO ¡GUÁRDANOS, PADRE CELESTIAL!
SEGUNDA PETICIÓN
VENGA A NOS TU REINO.
¿QUÉ QUIERE DECIR ESTO?
EL REINO DE DIOS VIENE EN VERDAD POR SÍ SOLO, AÚN SIN NUESTRA ORACIÓN. PERO ROGAMOS CON ESTA PETICIÓN QUE VENGA TAMBIÉN A NOSOTROS.
¿CÓMO ES QUE DIOS VIENE EN SU REINO?
CUANDO EL PADRE CELESTIAL NOS DA SU ESPÍRITU SANTO, PARA QUE, POR SU GRACIA CREAMOS SU SANTA PALABRA Y LLEVEMOS UNA VIDA DE PIEDAD, TANTO AQUÍ EN EL MUNDO TEMPORAL COMO ALLÁ EN EL OTRO, ETERNAMENTE.

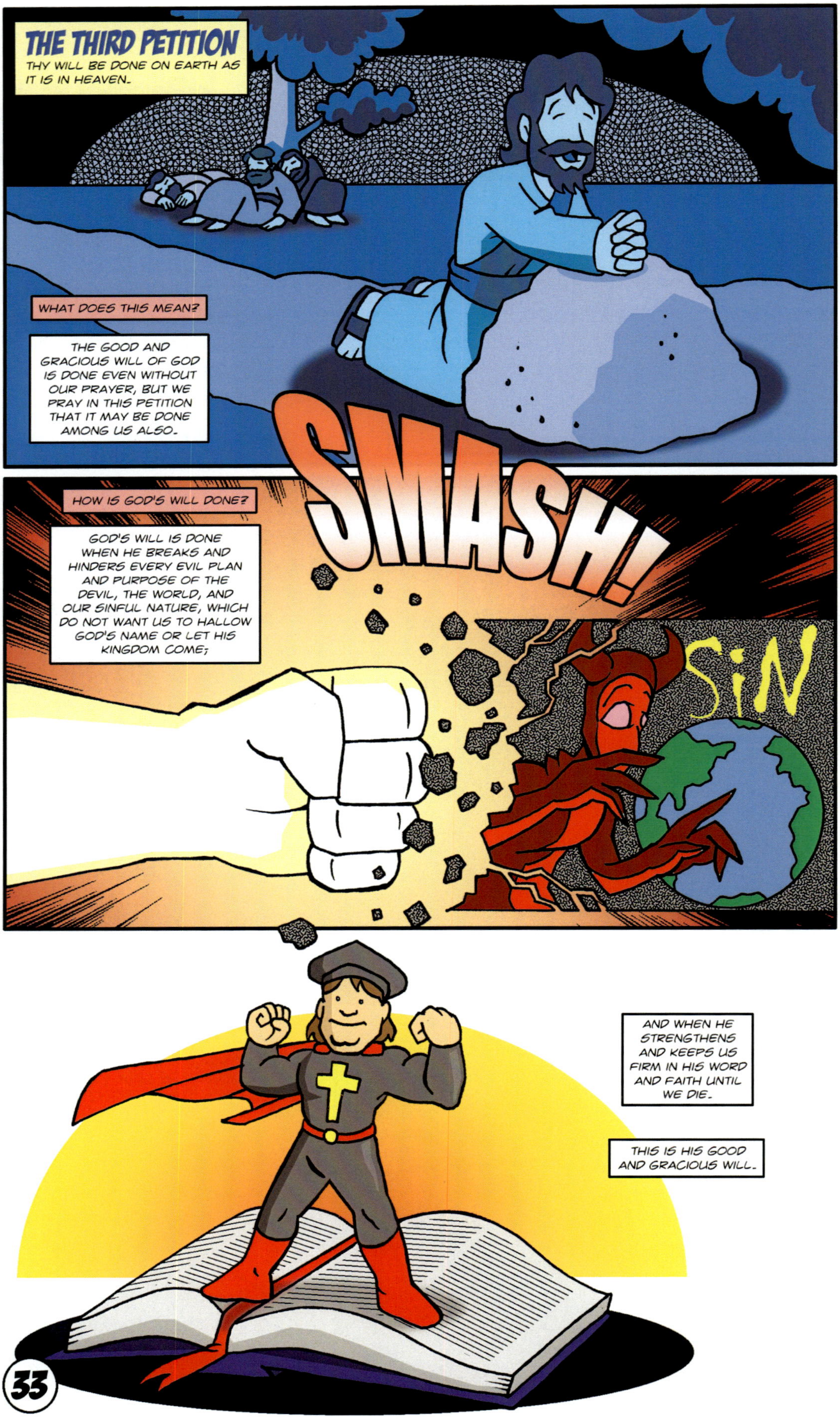
THE THIRD PETITION
THY WILL BE DONE ON EARTH AS IT IS IN HEAVEN.
WHAT DOES THIS MEAN?
THE GOOD AND GRACIOUS WILL OF GOD IS DONE EVEN WITHOUT OUR PRAYER, BUT WE PRAY IN THIS PETITION THAT IT MAY BE DONE AMONG US ALSO.
SMASH!
HOW IS GOD'S WILL DONE?
GOD'S WILL IS DONE WHEN HE BREAKS AND HINDERS EVERY EVIL PLAN AND PURPOSE OF THE DEVIL, THE WORLD, AND OUR SINFUL NATURE, WHICH DO NOT WANT US TO HALLOW GOD'S NAME OR LET HIS KINGDOM COME;
SiN
AND WHEN HE STRENGTHENS AND KEEPS US FIRM IN HIS WORD AND FAITH UNTIL WE DIE.
THIS IS HIS GOOD AND GRACIOUS WILL.

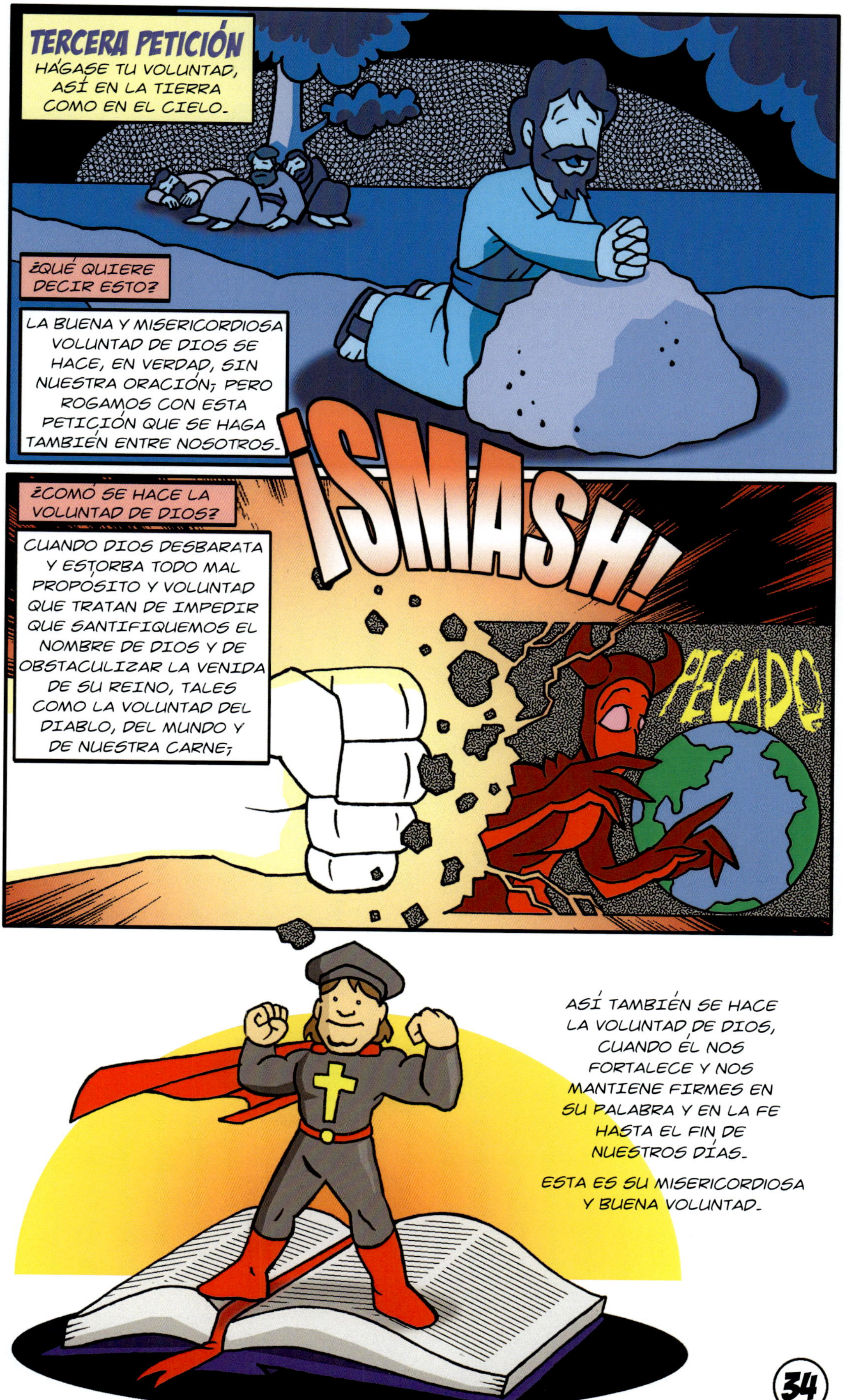
TERCERA PETICIÓN
HÁGASE TU VOLUNTAD, ASÍ EN LA TIERRA COMO EN EL CIELO.
¿QUÉ QUIERE DECIR ESTO?
LA BUENA Y MISERICORDIOSA VOLUNTAD DE DIOS SE HACE, EN VERDAD, SIN NUESTRA ORACIÓN; PERO ROGAMOS CON ESTA PETICIÓN QUE SE HAGA TAMBIÉN ENTRE NOSOTROS.
¡SMASH!
¿CÓMO SE HACE LA VOLUNTAD DE DIOS?
CUANDO DIOS DESBARATA Y ESTORBA TODO MAL PROPÓSITO Y VOLUNTAD QUE TRATAN DE IMPEDIR QUE SANTIFIQUEMOS EL NOMBRE DE DIOS Y DE OBSTACULIZAR LA VENIDA DE SU REINO, TALES COMO LA VOLUNTAD DEL DIABLO, DEL MUNDO Y DE NUESTRA CARNE;
PECADO
ASÍ TAMBIÉN SE HACE LA VOLUNTAD DE DIOS, CUANDO ÉL NOS FORTALECE Y NOS MANTIENE FIRMES EN SU PALABRA Y EN LA FE HASTA EL FIN DE NUESTROS DÍAS.
ESTA ES SU MISERICORDIOSA Y BUENA VOLUNTAD.

THE FOURTH PETITION
GIVE US THIS DAY OUR DAILY BREAD.
WHAT DOES THIS MEAN?
GOD CERTAINLY GIVES DAILY BREAD TO EVERYONE WITHOUT OUR PRAYERS,
EVEN TO ALL EVIL PEOPLE,
BUT WE PRAY IN THIS PETITION THAT GOD WOULD LEAD US TO REALIZE THIS AND TO RECEIVE OUR DAILY BREAD WITH THANKSGIVING.
WHAT IS MEANT BY DAILY BREAD?
DAILY BREAD INCLUDES EVERY-THING THAT HAS TO DO WITH THE SUPPORT AND NEEDS OF THE BODY...
SUCH AS FOOD, DRINK...
CLOTHING, SHOES...
HOUSE, HOME, LAND...
ANIMALS...
MONEY, GOODS...
A DEVOUT HUSBAND OR WIFE...
DEVOUT CHILDREN...
DEVOUT WORKERS...
DEVOUT AND FAITHFUL RULERS, GOOD GOVERNMENT...
GOOD WEATHER...
PEACE...
HEALTH...
SELF CONTROL, GOOD REPUTATION...
GOOD GUY
GOOD FRIENDS, FAITHFUL NEIGHBORS, AND THE LIKE.

CUARTA PETICIÓN
EL PAN NUESTRO DE CADA DÍA, DÁNOSLO HOY.
¿QUÉ QUIERE DECIR ESTO?
DIOS DA DIARIAMENTE EL PAN, TAMBIÉN SIN NUESTRA SUPLICA,
AÚN A TODOS LOS MALOS;
PERO ROGAMOS CON ESTA PETICIÓN QUE ÉL NOS HAGA RECONOCER ESTO Y ASÍ RECIBAMOS NUESTRO PAN COTIDIANO CON GRATITUD.
¿QUÉ ES EL PAN COTIDIANO?
TODO AQUELLO QUE SE NECESITA COMO ALIMENTO Y PARA SATISFACCIÓN DE LAS NECESIDADES DE ESTA VIDA,
COMO: COMIDA, BEBIDA...
VESTIDO, CALZADO...
CASA, HOGAR, TIERRAS...
GANADO...
DINERO, BIENES...
PIADOSO CÓNYUGE...
HIJOS PIADOSOS...
PIADOSOS CRIADOS...
AUTORIDADES PIADOSAS Y FIELES; BUEN GOBIERNO...
BUEN TIEMPO...
PAZ...
SALUD...
BUEN ORDEN, BUENA REPUTACIÓN...
BUEN HOMBRE
BUENOS AMIGOS, VECINOS FIELES, Y COSAS SEMEJANTES A ÉSTAS.

THE FIFTH PETITION
AND FORGIVE US OUR TRESPASSES AS WE FORGIVE THOSE WHO TRESPASS AGAINST US.
WHAT DOES THIS MEAN?
WE PRAY IN THIS PETITION THAT OUR FATHER IN HEAVEN WOULD NOT LOOK AT OUR SINS, OR DENY OUR PRAYER BECAUSE OF THEM.
WE ARE NEITHER WORTHY OF THE THINGS FOR WHICH WE PRAY, NOR HAVE WE DESERVED THEM...
BANG!
BUT WE ASK THAT HE WOULD GIVE THEM ALL TO US BY GRACE, FOR WE DAILY SIN MUCH AND SURELY DESERVE NOTHING BUT PUNISHMENT.
SO WE TOO WILL SINCERELY FORGIVE AND GLADLY DO GOOD TO THOSE WHO SIN AGAINST US.
RIP
THE SIXTH PETITION
AND LEAD US NOT INTO TEMPTATION.
WHAT DOES THIS MEAN?
GOD TEMPTS NO ONE. WE PRAY IN THIS PETITION THAT GOD WOULD GUARD AND KEEP US SO THAT THE DEVIL, THE WORLD, AND OUR SINFUL NATURE MAY NOT DECEIVE US OR MISLEAD US INTO FALSE BELIEF, DESPAIR, AND OTHER GREAT SHAME AND VICE.
SIN
FAITH
TRUTH
WORD OF GOD
ALTHOUGH WE ARE ATTACKED BY THESE THINGS, WE PRAY THAT WE MAY FINALLY OVERCOME THEM AND WIN THE VICTORY.

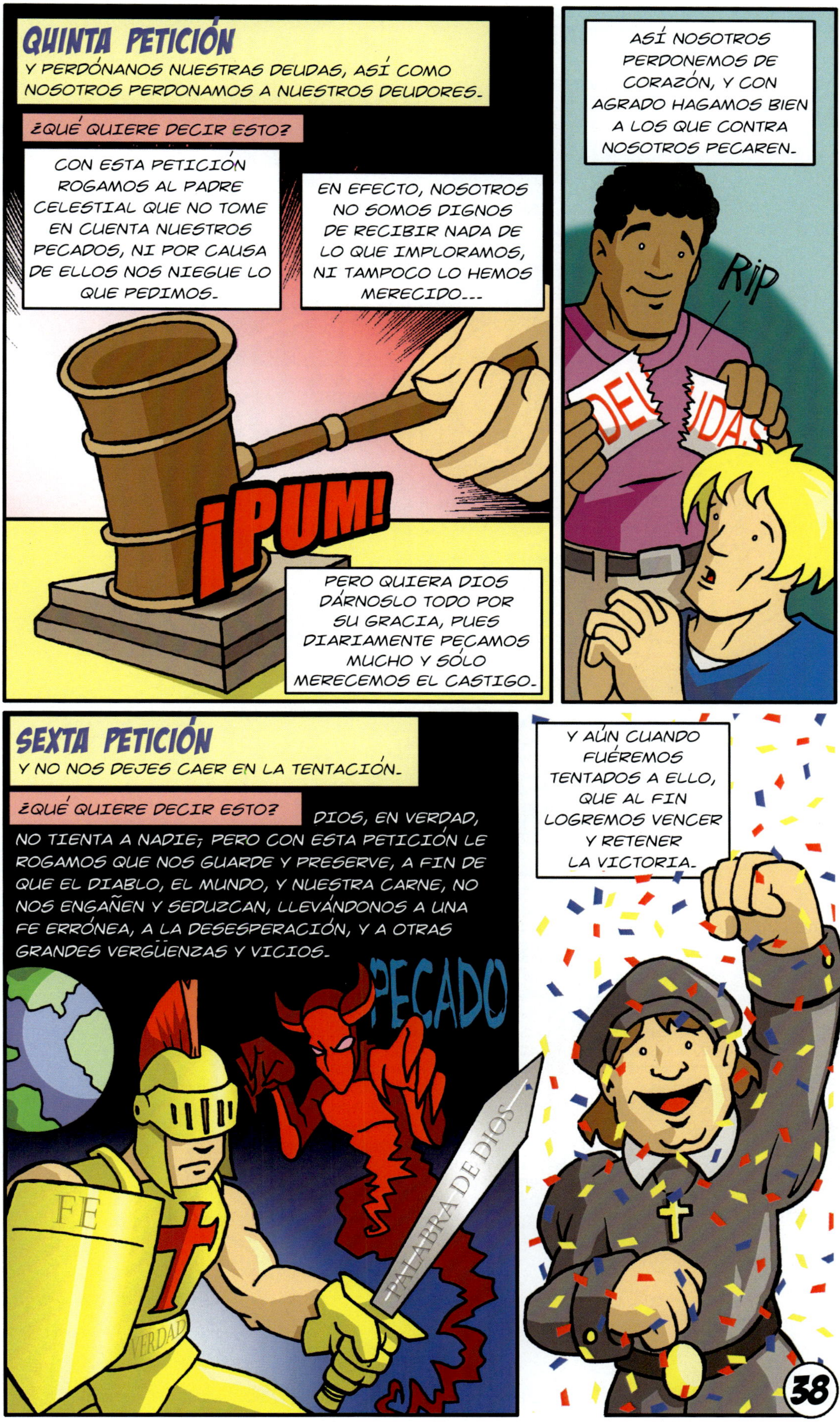
QUINTA PETICIÓN
Y PERDÓNANOS NUESTRAS DEUDAS, ASÍ COMO NOSOTROS PERDONAMOS A NUESTROS DEUDORES.
¿QUÉ QUIERE DECIR ESTO?
CON ESTA PETICIÓN ROGAMOS AL PADRE CELESTIAL QUE NO TOME EN CUENTA NUESTROS PECADOS, NI POR CAUSA DE ELLOS NOS NIEGUE LO QUE PEDIMOS.
EN EFECTO, NOSOTROS NO SOMOS DIGNOS DE RECIBIR NADA DE LO QUE IMPLORAMOS, NI TAMPOCO LO HEMOS MERECIDO...
¡PUM!
PERO QUIERA DIOS DÁRNOSLO TODO POR SU GRACIA, PUES DIARIAMENTE PECAMOS MUCHO Y SÓLO MERECEMOS EL CASTIGO.
ASÍ NOSOTROS PERDONEMOS DE CORAZÓN, Y CON AGRADO HAGAMOS BIEN A LOS QUE CONTRA NOSOTROS PECAREN.
RIP
DEU
DAS
SEXTA PETICIÓN
Y NO NOS DEJES CAER EN LA TENTACIÓN.
¿QUÉ QUIERE DECIR ESTO?
DIOS, EN VERDAD, NO TIENTA A NADIE; PERO CON ESTA PETICIÓN LE ROGAMOS QUE NOS GUARDE Y PRESERVE, A FIN DE QUE EL DIABLO, EL MUNDO, Y NUESTRA CARNE, NO NOS ENGAÑEN Y SEDUZCAN, LLEVÁNDONOS A UNA FE ERRÓNEA, A LA DESESPERACIÓN, Y A OTRAS GRANDES VERGÜENZAS Y VICIOS.
PECADO
FE
VERDAD
PALABRA DE DIOS
Y AÚN CUANDO FUÉREMOS TENTADOS A ELLO, QUE AL FIN LOGREMOS VENCER Y RETENER LA VICTORIA.

THE SEVENTH PETITION
BUT DELIVER US FROM EVIL.
WHAT DOES THIS MEAN?
WE PRAY IN THIS PETITION, IN SUMMARY, THAT OUR FATHER IN HEAVEN WOULD RESCUE US FROM EVERY EVIL OF...
BODY...
AND SOUL...
DOUBTS
POSSESSIONS...
AND REPUTATION...
HA! HA! HA!
AND FINALLY, WHEN OUR LAST HOUR COMES, GIVE US A BLESSED END, AND GRACIOUSLY TAKE US FROM THIS VALLEY OF SORROW TO HIMSELF IN HEAVEN.
THE CONCLUSION
FOR THINE IS THE KINGDOM AND THE POWER AND THE GLORY FOREVER AND EVER. AMEN.
#1
WHAT DOES THIS MEAN?
THIS MEANS THAT I SHOULD BE CERTAIN THAT THESE PETITIONS ARE PLEASING TO OUR FATHER IN HEAVEN, AND ARE HEARD BY HIM; FOR HE HIMSELF HAS COMMANDED US TO PRAY IN THIS WAY AND HAS PROMISED TO HEAR US.
AMEN, AMEN, MEANS, "YES, YES, IT SHALL BE SO."

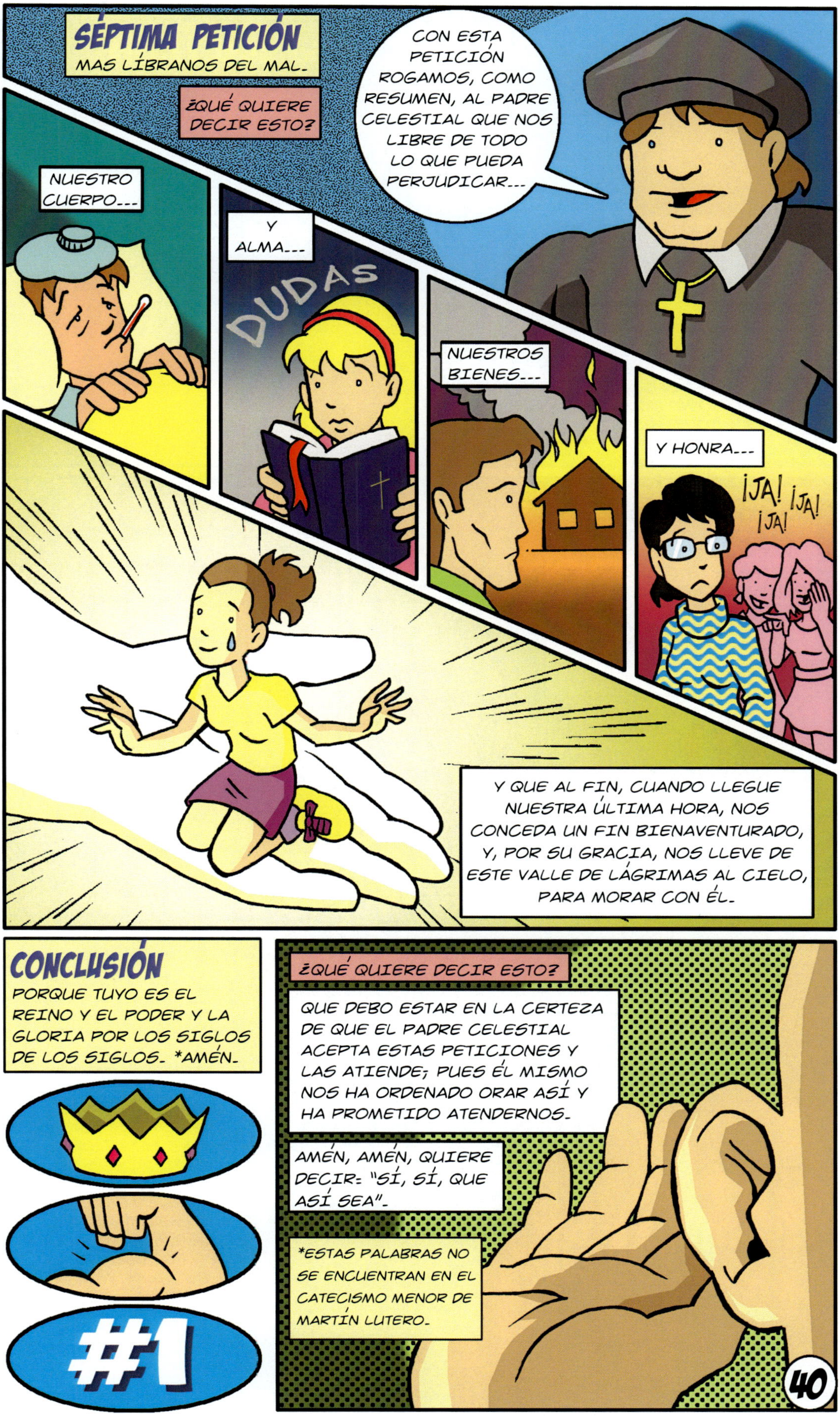
SÉPTIMA PETICIÓN
MAS LÍBRANOS DEL MAL.
¿QUÉ QUIERE DECIR ESTO?
CON ESTA PETICIÓN ROGAMOS, COMO RESUMEN, AL PADRE CELESTIAL QUE NOS LIBRE DE TODO LO QUE PUEDA PERJUDICAR...
NUESTRO CUERPO...
Y ALMA...
DUDAS
NUESTROS BIENES...
Y HONRA...
¡JA! ¡JA! ¡JA!
Y QUE AL FIN, CUANDO LLEGUE NUESTRA ÚLTIMA HORA, NOS CONCEDA UN FIN BIENAVENTURADO, Y, POR SU GRACIA, NOS LLEVE DE ESTE VALLE DE LÁGRIMAS AL CIELO, PARA MORAR CON ÉL.
CONCLUSIÓN
PORQUE TUYO ES EL REINO Y EL PODER Y LA GLORIA POR LOS SIGLOS DE LOS SIGLOS. *AMÉN.
#1
¿QUÉ QUIERE DECIR ESTO?
QUE DEBO ESTAR EN LA CERTEZA DE QUE EL PADRE CELESTIAL ACEPTA ESTAS PETICIONES Y LAS ATIENDE; PUES ÉL MISMO NOS HA ORDENADO ORAR ASÍ Y HA PROMETIDO ATENDERNOS.
AMÉN, AMÉN, QUIERE DECIR: "SÍ, SÍ, QUE ASÍ SEA".
*ESTAS PALABRAS NO SE ENCUENTRAN EN EL CATECISMO MENOR DE MARTÍN LUTERO.

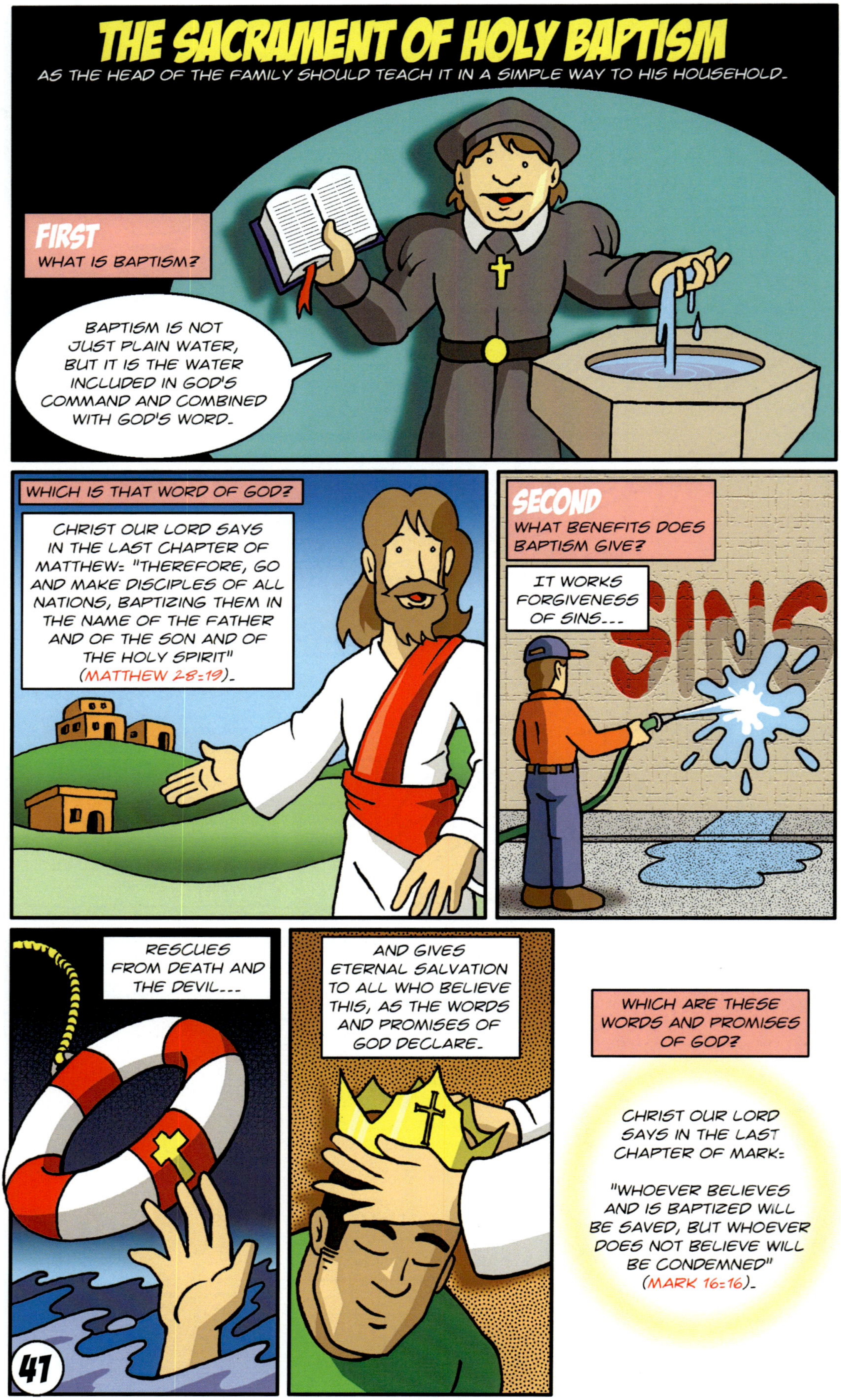
THE SACRAMENT OF HOLY BAPTISM
AS THE HEAD OF THE FAMILY SHOULD TEACH IT IN A SIMPLE WAY TO HIS HOUSEHOLD.
FIRST
WHAT IS BAPTISM?
BAPTISM IS NOT JUST PLAIN WATER, BUT IT IS THE WATER INCLUDED IN GOD'S COMMAND AND COMBINED WITH GOD'S WORD.
WHICH IS THAT WORD OF GOD?
CHRIST OUR LORD SAYS IN THE LAST CHAPTER OF MATTHEW: "THEREFORE, GO AND MAKE DISCIPLES OF ALL NATIONS, BAPTIZING THEM IN THE NAME OF THE FATHER AND OF THE SON AND OF THE HOLY SPIRIT" (MATTHEW 28:19).
SECOND
WHAT BENEFITS DOES BAPTISM GIVE?
IT WORKS FORGIVENESS OF SINS...
SINS
RESCUES FROM DEATH AND THE DEVIL...
AND GIVES ETERNAL SALVATION TO ALL WHO BELIEVE THIS, AS THE WORDS AND PROMISES OF GOD DECLARE.
WHICH ARE THESE WORDS AND PROMISES OF GOD?
CHRIST OUR LORD SAYS IN THE LAST CHAPTER OF MARK:
"WHOEVER BELIEVES AND IS BAPTIZED WILL BE SAVED, BUT WHOEVER DOES NOT BELIEVE WILL BE CONDEMNED" (MARK 16:16).

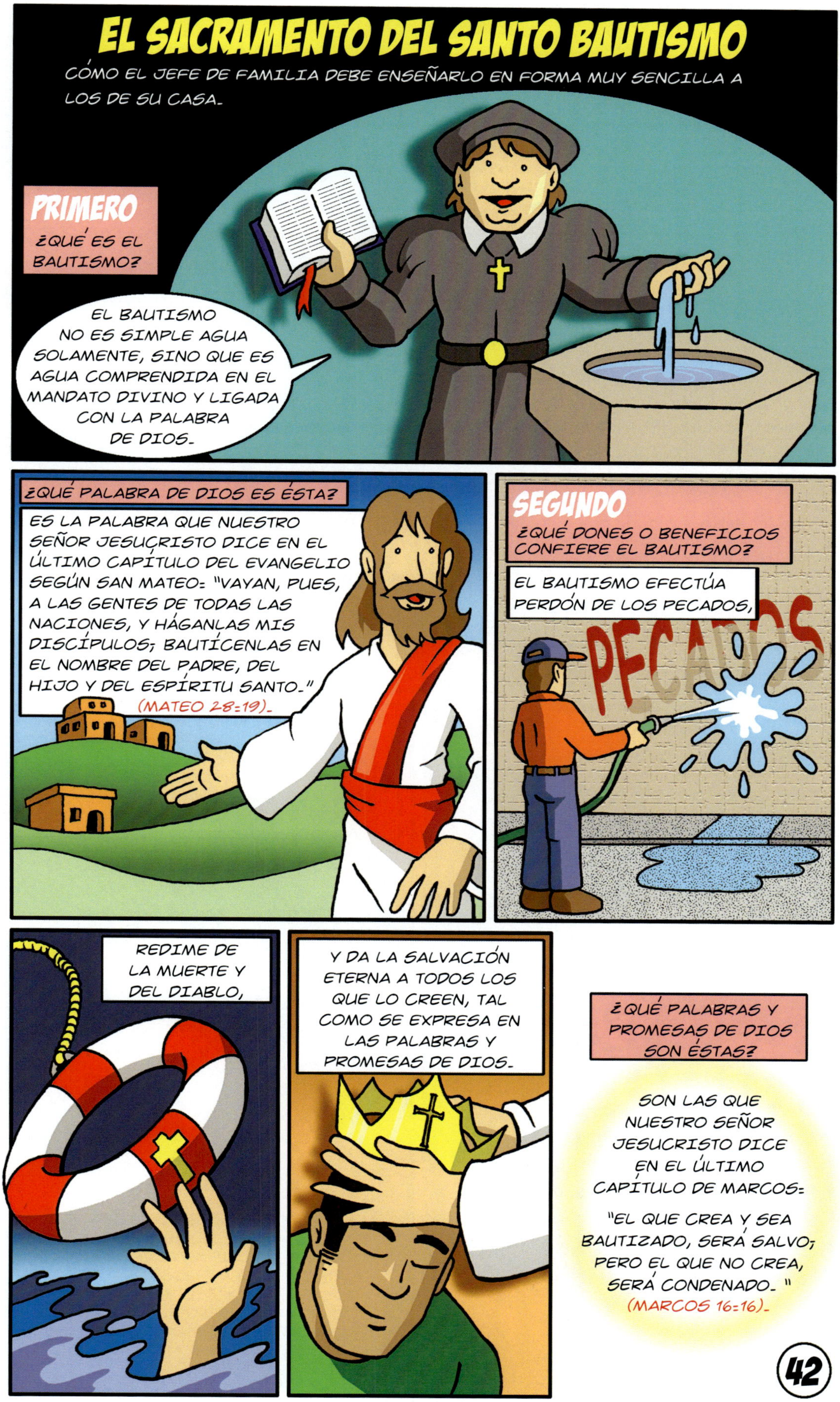
EL SACRAMENTO DEL SANTO BAUTISMO
CÓMO EL JEFE DE FAMILIA DEBE ENSEÑARLO EN FORMA MUY SENCILLA A LOS DE SU CASA.
PRIMERO
¿QUÉ ES EL BAUTISMO?
EL BAUTISMO NO ES SIMPLE AGUA SOLAMENTE, SINO QUE ES AGUA COMPRENDIDA EN EL MANDATO DIVINO Y LIGADA CON LA PALABRA DE DIOS.
¿QUÉ PALABRA DE DIOS ES ÉSTA?
ES LA PALABRA QUE NUESTRO SEÑOR JESUCRISTO DICE EN EL ÚLTIMO CAPÍTULO DEL EVANGELIO SEGÚN SAN MATEO: "VAYAN, PUES, A LAS GENTES DE TODAS LAS NACIONES, Y HÁGANLAS MIS DISCÍPULOS; BAUTÍCENLAS EN EL NOMBRE DEL PADRE, DEL HIJO Y DEL ESPÍRITU SANTO."
(MATEO 28:19).
SEGUNDO
¿QUÉ DONES O BENEFICIOS CONFIERE EL BAUTISMO?
EL BAUTISMO EFECTÚA PERDÓN DE LOS PECADOS,
PECADOS
REDIME DE LA MUERTE Y DEL DIABLO,
Y DA LA SALVACIÓN ETERNA A TODOS LOS QUE LO CREEN, TAL COMO SE EXPRESA EN LAS PALABRAS Y PROMESAS DE DIOS.
¿QUÉ PALABRAS Y PROMESAS DE DIOS SON ÉSTAS?
SON LAS QUE NUESTRO SEÑOR JESUCRISTO DICE EN EL ÚLTIMO CAPÍTULO DE MARCOS:
"EL QUE CREA Y SEA BAUTIZADO, SERÁ SALVO; PERO EL QUE NO CREA, SERÁ CONDENADO."
(MARCOS 16:16).

THIRD
HOW CAN WATER DO SUCH GREAT THINGS?
CERTAINLY NOT JUST WATER, BUT THE WORD OF GOD IN AND WITH THE WATER DOES THESE THINGS, ALONG WITH THE FAITH WHICH TRUSTS THIS WORD OF GOD IN THE WATER.
FOR WITHOUT GOD'S WORD THE WATER IS PLAIN WATER AND NO BAPTISM.
the Name of the Father and the Son and the Holy Spirit
BUT WITH THE WORD OF GOD IT IS A BAPTISM, THAT IS, A LIFE-GIVING WATER, RICH IN GRACE, AND A WASHING OF THE NEW BIRTH IN THE HOLY SPIRIT, AS ST. PAUL SAYS IN TITUS, CHAPTER THREE: "HE SAVED US THROUGH THE WASHING OF REBIRTH AND RENEWAL BY THE HOLY SPIRIT, WHOM HE POURED OUT ON US GENEROUSLY THROUGH JESUS CHRIST OUR SAVIOR, SO THAT, HAVING BEEN JUSTIFIED BY HIS GRACE, WE MIGHT BECOME HEIRS HAVING THE HOPE OF ETERNAL LIFE. THIS IS A TRUSTWORTHY SAYING" (TITUS 3:5-8).
FOURTH
WHAT DOES SUCH BAPTIZING WITH WATER INDICATE?
IT INDICATES THAT THE OLD ADAM IN US SHOULD BY DAILY CONTRITION AND REPENTANCE BE DROWNED AND DIE WITH ALL SINS AND EVIL DESIRES...
OLD ADAM
AND THAT A NEW MAN SHOULD DAILY EMERGE AND ARISE TO LIVE BEFORE GOD IN RIGHTEOUSNESS AND PURITY FOREVER.
WHERE IS THIS WRITTEN?
ST. PAUL WRITES IN ROMANS CHAPTER SIX: "WE WERE THEREFORE BURIED WITH HIM THROUGH BAPTISM INTO DEATH IN ORDER THAT, JUST AS CHRIST WAS RAISED FROM THE DEAD THROUGH THE GLORY OF THE FATHER, WE TOO MAY LIVE A NEW LIFE" (ROMANS 6:4).

TERCERO
¿CÓMO PUEDE EL AGUA HACER COSAS TAN GRANDES?
EL AGUA EN VERDAD NO LAS HACE, SINO LA PALABRA DE DIOS QUE ESTÁ CON EL AGUA Y UNIDA A ELLA, Y LA FE QUE CONFÍA EN DICHA PALABRA DE DIOS LIGADA CON EL AGUA,
PORQUE, SIN LA PALABRA DE DIOS, EL AGUA ES SIMPLE AGUA, Y NO ES BAUTISMO.
PERO, CON LA PALABRA DE DIOS, SÍ ES BAUTISMO, ES DECIR, ES UN AGUA DE VIDA, LLENA DE GRACIA, Y UN LAVAMIENTO DE LA REGENERACIÓN EN EL ESPÍRITU SANTO, COMO SAN PABLO DICE A TITO EN EL TERCER CAPÍTULO: "POR MEDIO DEL LAVAMIENTO NOS HA HECHO NACER DE NUEVO; POR MEDIO DEL ESPÍRITU SANTO NOS HA DADO NUEVA VIDA; Y POR MEDIO DE NUESTRO SALVADOR JESUCRISTO NOS HA DADO EL ESPÍRITU SANTO EN ABUNDANCIA, PARA QUE, HABIÉNDONOS LIBRADO DE CULPA POR SU BONDAD, RECIBAMOS LA VIDA ETERNA QUE ESPERAMOS." ESTO ES CON TODA CERTEZA LA VERDAD. (TITO 3:5–8).
En el nombre del Padre y del Hijo y del Espíritu Santo
CUARTO
¿QUÉ SIGNIFICA ESTE BAUTIZAR CON AGUA?
SIGNIFICA QUE EL VIEJO ADÁN EN NOSOTROS DEBE SER AHOGADO POR PESAR Y ARREPENTIMIENTO DIARIOS, Y QUE DEBE MORIR CON TODOS SUS PECADOS Y MALOS DESEOS...
VIEJO ADÁN
ASIMISMO, TAMBIÉN CADA DÍA DEBE SURGIR Y RESUCITAR LA NUEVA PERSONA, QUE HA DE VIVIR ETERNAMENTE DELANTE DE DIOS EN JUSTICIA Y PUREZA.
¿DÓNDE ESTÁ ESCRITO ESTO?
SAN PABLO DICE EN ROMANOS, CAPÍTULO SEIS: "PUES POR EL BAUTISMO FUIMOS SEPULTADOS CON CRISTO, Y MORIMOS PARA SER RESUCITADOS Y VIVIR UNA VIDA NUEVA, ASI COMO CRISTO FUE RESUCITADO POR EL GLORIOSO PODER DEL PADRE" (ROMANOS 6:4).

CONFESSION
HOW CHRISTIANS SHOULD BE TAUGHT TO CONFESS.
WHAT IS CONFESSION?
CONFESSION HAS TWO PARTS. FIRST, THAT WE CONFESS OUR SINS...
AND SECOND, THAT WE RECEIVE ABSOLUTION, THAT IS, FORGIVENESS, FROM THE PASTOR AS FROM GOD HIMSELF, NOT DOUBTING, BUT FIRMLY BELIEVING THAT BY IT OUR SINS ARE FORGIVEN BEFORE GOD IN HEAVEN.
70
70
WHAT SINS SHOULD WE CONFESS?
BEFORE GOD WE SHOULD PLEAD GUILTY OF ALL SINS, EVEN THOSE WE ARE NOT AWARE OF, AS WE DO IN THE LORD'S PRAYER; BUT BEFORE THE PASTOR WE SHOULD CONFESS ONLY THOSE SINS WHICH WE KNOW AND FEEL IN OUR HEARTS.
Sin
WHICH ARE THESE?
CONSIDER YOUR PLACE IN LIFE ACCORDING TO THE TEN COMMANDMENTS:
ARE YOU A FATHER, MOTHER, SON, DAUGHTER, HUSBAND, WIFE, OR WORKER?
MOM
SIS
WIFE
YAWN!
HAVE YOU BEEN DISOBEDIENT, UNFAITHFUL, OR LAZY?
HAVE YOU BEEN HOT-TEMPERED, RUDE, OR QUARRELSOME?
HAVE YOU HURT SOMEONE BY YOUR WORDS OR DEEDS?
HAVE YOU STOLEN, BEEN NEGLIGENT, WASTED ANYTHING, OR DONE ANY HARM?

CONFESIÓN Y ABSOLUCIÓN
MANERA COMO SE DEBE ENSEÑAR A LA GENTE SENCILLA A CONFESARSE.
¿QUÉ ES LA CONFESIÓN?
LA CONFESIÓN CONTIENE DOS PARTES. LA PRIMERA, ES LA CONFESIÓN DE LOS PECADOS...
Y LA SEGUNDA, EL RECIBIR LA ABSOLUCIÓN DEL CONFESOR COMO DE DIOS MISMO, NO DUDANDO DE ELLA EN LO MÁS MÍNIMO, SINO CREYENDO FIRMEMENTE QUE POR ELLA LOS PECADOS SON PERDONADOS ANTE DIOS EN EL CIELO.
70
70
¿QUÉ PECADOS HAY QUE CONFESAR?
ANTE DIOS UNO DEBE DECLARARSE CULPABLE DE TODOS LOS PECADOS, AUN DE AQUELLOS QUE IGNORAMOS, TAL COMO LO HACEMOS EN EL PADRENUESTRO. PERO, ANTE EL CONFESOR, DEBEMOS CONFESAR SOLAMENTE LOS PECADOS QUE CONOCEMOS Y SENTIMOS EN NUESTRO CORAZÓN.
PECADO
¿CUÁLES SON TALES PECADOS?
CONSIDERA TU ESTADO BÁSANDOTE EN LOS DIEZ MANDAMIENTOS:
SEAS PADRE, MADRE, HIJO O HIJA, SEÑOR O SEÑORA O SERVIDOR.
MADRE
HERMANA
ESPOSA
Bostezo!
PARA SABER SI HAS SIDO DESOBEDIENTE, INFIEL, PEREZOSO.
VIOLENTO, INSOLENTE, REÑIDOR.
SI HICISTE UN MAL A ALGUNO CON PALABRAS U OBRA.
SI HURTASTE, FUISTE NEGLIGENTE O DERROCHADOR, O CAUSASTE ALGÚN OTRO DAÑO.
46

A SHORT FORM OF CONFESSION

[LUTHER INTENDED THE FOLLOWING FORM TO SERVE AS AN EXAMPLE OF PRIVATE CONFESSION.]

THE PENITENT SAYS:
DEAR CONFESSOR, I ASK YOU PLEASE TO HEAR MY CONFESSION AND TO PRONOUNCE FORGIVENESS IN ORDER TO FULFILL GOD'S WILL.

I, A POOR SINNER, PLEAD GUILTY BEFORE GOD OF ALL SINS. IN PARTICULAR I CONFESS BEFORE YOU THAT AS A SERVANT, MAID, ETC., I, SAD TO SAY, SERVE MY MASTER UNFAITHFULLY, FOR IN THIS AND THAT I HAVE NOT DONE WHAT I WAS TOLD TO DO. I HAVE MADE HIM ANGRY AND CAUSED HIM TO CURSE. I HAVE BEEN NEGLIGENT AND ALLOWED DAMAGE TO BE DONE. I HAVE ALSO BEEN OFFENSIVE IN WORDS AND DEEDS. I HAVE QUARRELED WITH MY PEERS. I HAVE GRUMBLED ABOUT THE LADY OF THE HOUSE AND CURSED HER. I AM SORRY FOR ALL OF THIS AND I ASK FOR GRACE. I WANT TO DO BETTER.

A MASTER OR LADY OF THE HOUSE MAY SAY:
IN PARTICULAR I CONFESS BEFORE YOU THAT I HAVE NOT FAITHFULLY GUIDED MY CHILDREN, SERVANTS, AND WIFE TO THE GLORY OF GOD. I HAVE CURSED. I HAVE SET A BAD EXAMPLE BY INDECENT WORDS AND DEEDS. I HAVE HURT MY NEIGHBOR AND SPOKEN EVIL OF HIM. I HAVE OVERCHARGED, SOLD INFERIOR MERCHANDISE, AND GIVEN LESS THAN WAS PAID FOR.

[LET THE PENITENT CONFESS WHATEVER ELSE HE HAS DONE AGAINST GOD'S COMMANDMENTS AND HIS OWN POSITION].

IF, HOWEVER, SOMEONE DOES NOT FIND HIMSELF BURDENED WITH THESE OR GREATER SINS, HE SHOULD NOT TROUBLE HIMSELF OR SEARCH FOR OR INVENT OTHER SINS, AND THEREBY MAKE CONFESSION A TORTURE. INSTEAD, HE SHOULD MENTION ONE OR TWO THAT HE KNOWS: IN PARTICULAR I CONFESS THAT I HAVE CURSED, I HAVE USED IMPROPER WORDS; I HAVE NEGLECTED THIS OR THAT, ETC. LET THAT BE ENOUGH.

BUT IF YOU KNOW OF NONE AT ALL (WHICH HARDLY SEEMS POSSIBLE), THEN MENTION NONE IN PARTICULAR, BUT RECEIVE THE FORGIVENESS UPON THE GENERAL CONFESSION WHICH YOU MAKE TO GOD BEFORE THE CONFESSOR.

THEN THE CONFESSOR SHALL SAY:
GOD BE MERCIFUL TO YOU AND STRENGTHEN YOUR FAITH. AMEN.

FURTHERMORE:
DO YOU BELIEVE THAT MY FORGIVENESS IS GOD'S FORGIVENESS?

YES, DEAR CONFESSOR.

THEN LET HIM SAY:
LET IT BE DONE FOR YOU AS YOU BELIEVE. AND I, BY THE COMMAND OF OUR LORD JESUS CHRIST, FORGIVE YOU YOUR SINS IN THE NAME OF THE FATHER AND OF THE SON AND OF THE HOLY SPIRIT. AMEN. GO IN PEACE.

A CONFESSOR WILL KNOW ADDITIONAL PASSAGES WITH WHICH TO COMFORT AND TO STRENGTHEN THE FAITH OF THOSE WHO HAVE GREAT BURDENS OF CONSCIENCE OR ARE SORROWFUL AND DISTRESSED.

THIS IS INTENDED ONLY AS A GENERAL FORM OF CONFESSION.

BREVE MANERA DE CONFESIÓN

[MARTÍN LUTERO HIZO EL SIGUIENTE FORMULARIO PARA SERVIR COMO EJEMPLO PARA LA CONFESIÓN PRIVADA.]

DICE EL PENITENTE:
HONORABLE Y ESTIMADO SEÑOR: LE PIDO QUE TENGA A BIEN ESCUCHAR MI CONFESIÓN Y DECLARAR EL PERDÓN DE MIS PECADOS POR DIOS.

YO, POBRE PECADOR, ME CONFIESO ANTE DIOS QUE SOY CULPABLE DE TODOS LOS PECADOS, ESPECIALMENTE ME CONFIESO ANTE SU PRESENCIA QUE SIENDO SIRVIENTE, SIRVIENTA, ETC., SIRVO LAMENTABLEMENTE EN FORMA INFIEL A MI AMO, PUES AQUÍ Y ALLI NO HE HECHO LO QUE ME HA SIDO ENCOMENDADO, HABIÉNDOLO MOVIDO A ENCOLERIZARSE O A MALDECIR; HE DESCUIDADO ALGUNAS COSAS Y HE PERMITIDO QUE OCURRAN DAÑOS. HE SIDO TAMBIÉN IMPÚDICO EN PALABRAS Y OBRAS; ME HE IRRITADO CON MIS SEMEJANTES Y HE MURMURADO Y MALDECIDO CONTRA MI AMO, ETC. TODO ESTO LO LAMENTO Y SOLICITO SU GRACIA; QUIERO CORREGIRME.

UN AMO O AMA DEBE DECIR ASÍ:
EN ESPECIAL CONFIESO ANTE SU PRESENCIA QUE NO EDUQUÉ FIELMENTE PARA GLORIA DE DIOS A MI HIJO, SIRVIENTE, MUJER. HE MALDECIDO; HE DADO MALOS EJEMPLOS CON PALABRAS Y OBRAS IMPÚDICAS; HE HECHO MAL A MI VECINO, HABLANDO MAL DE ÉL, VENDIÉNDOLE MUY CARO, DÁNDOLE MALA MERCADERÍA Y NO TODA LA CANTIDAD QUE CORRESPONDE.

[EN GENERAL, DEBERÁ CONFESARSE TODO LO QUE UNO HA HECHO EN CONTRA DE LOS DIEZ MANDAMIENTOS, LO QUE CORRESPONDE SEGÚN SU ESTADO, ETC.]

SI ALGUIEN NO SE SIENTE CARGADO DE TALES O AUN MAYORES PECADOS, ENTONCES NO DEBE PREOCUPARSE O BUSCAR MÁS PECADOS NI INVENTARLOS, HACIENDO CON ELLO UN MARTIRIO DE LA CONFESIÓN, SINO QUE DEBE CONTAR UNO O DOS, TAL COMO ÉL LO SABE, DE ESTA MANERA: EN ESPECIAL CONFIESO QUE HE MALDECIDO UNA VEZ: DEL MISMO MODO, QUE HE SIDO DESCONSIDERADO UNA VEZ CON PALABRAS, QUE HE DESCUIDADO ESTO, ETC. CONSIDERA ESTO COMO SUFICIENTE.

SI NO SIENTES NINGUNO (LO QUE NO DEBERÍA SER POSIBLE), ENTONCES NO DEBES DECIR NADA EN PARTICULAR, SINO RECIBIR EL PERDÓN DE LA CONFESIÓN GENERAL, ASÍ COMO LO HACES ANTE DIOS EN PRESENCIA DEL CONFESOR.

A ELLO DEBE RESPONDER EL CONFESOR:
DIOS SEA CONTIGO MISERICORDIOSO Y FORTALEZCA TU FE, AMÉN.

DIME:
¿CREES TÚ TAMBIÉN QUE MI PERDÓN SEA EL PERDÓN DE DIOS?

SÍ, VENERABLE SEÑOR.

ENTONCES DIRÁ:
ASÍ COMO HAS CREÍDO, DE LA MISMA FORMA ACONTEZCA EN TI. Y YO, POR MANDATO DE NUESTRO SEÑOR JESUCRISTO, TE PERDONO TUS PECADOS EN EL NOMBRE DEL PADRE Y DEL HIJO Y DEL ESPÍRITU SANTO. AMÉN. VE EN PAZ.

AQUELLOS QUE TENGAN GRAN CARGA DE CONCIENCIA O ESTÉN AFLIGIDOS O ATRIBULADOS LOS SABRÁ CONSOLAR E IMPULSAR HACIA LA FE UN CONFESOR CON MÁS PASAJES BÍBLICOS.

ÉSTA DEBE SER SÓLO UNA MANERA USUAL DE CONFESIÓN PARA LA GENTE SENCILLA.

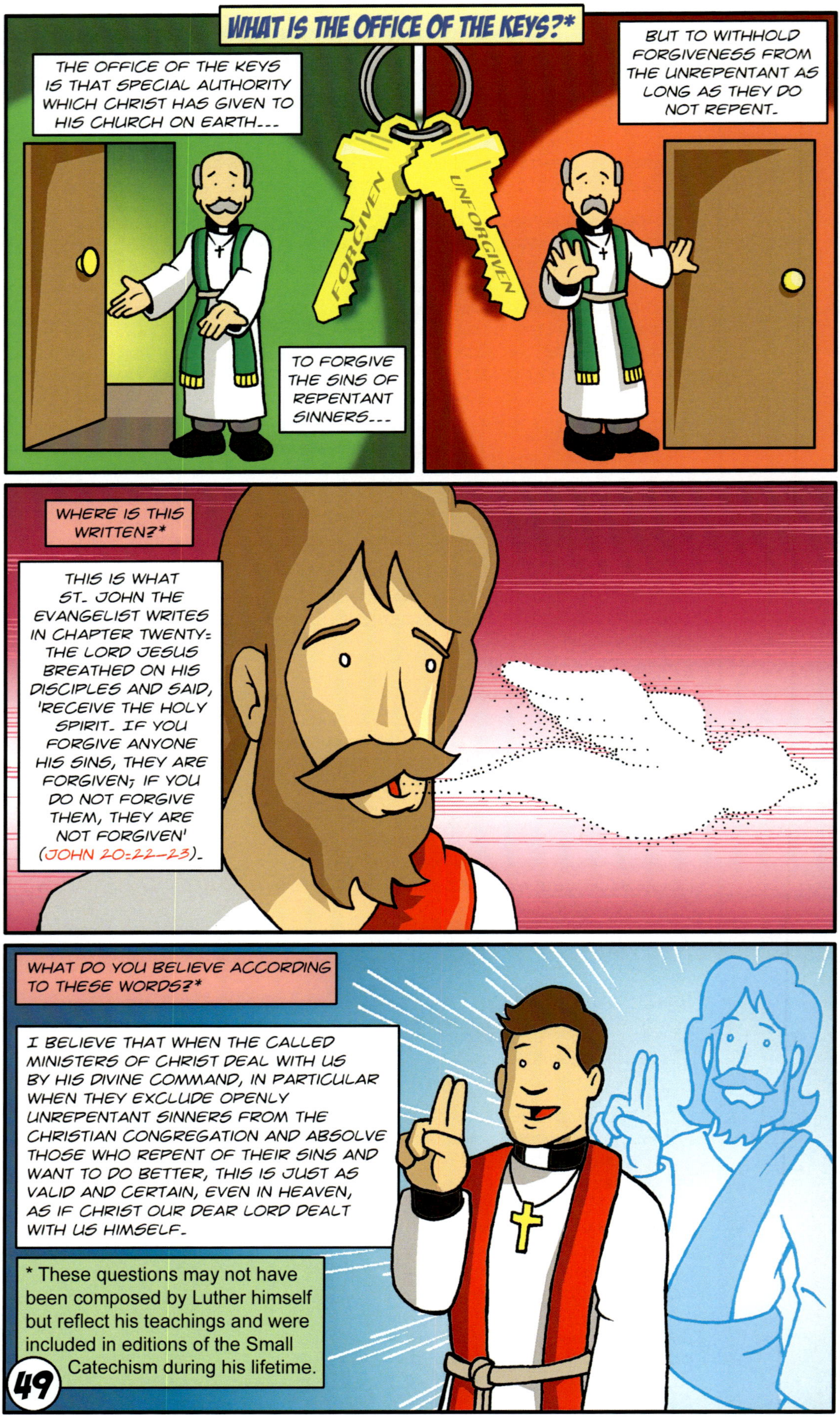
WHAT IS THE OFFICE OF THE KEYS?*
THE OFFICE OF THE KEYS IS THAT SPECIAL AUTHORITY WHICH CHRIST HAS GIVEN TO HIS CHURCH ON EARTH...
FORGIVEN
UNFORGIVEN
TO FORGIVE THE SINS OF REPENTANT SINNERS...
BUT TO WITHHOLD FORGIVENESS FROM THE UNREPENTANT AS LONG AS THEY DO NOT REPENT.
WHERE IS THIS WRITTEN?*
THIS IS WHAT ST. JOHN THE EVANGELIST WRITES IN CHAPTER TWENTY: THE LORD JESUS BREATHED ON HIS DISCIPLES AND SAID, 'RECEIVE THE HOLY SPIRIT. IF YOU FORGIVE ANYONE HIS SINS, THEY ARE FORGIVEN; IF YOU DO NOT FORGIVE THEM, THEY ARE NOT FORGIVEN' (JOHN 20:22–23).
WHAT DO YOU BELIEVE ACCORDING TO THESE WORDS?*
I BELIEVE THAT WHEN THE CALLED MINISTERS OF CHRIST DEAL WITH US BY HIS DIVINE COMMAND, IN PARTICULAR WHEN THEY EXCLUDE OPENLY UNREPENTANT SINNERS FROM THE CHRISTIAN CONGREGATION AND ABSOLVE THOSE WHO REPENT OF THEIR SINS AND WANT TO DO BETTER, THIS IS JUST AS VALID AND CERTAIN, EVEN IN HEAVEN, AS IF CHRIST OUR DEAR LORD DEALT WITH US HIMSELF.
* These questions may not have been composed by Luther himself but reflect his teachings and were included in editions of the Small Catechism during his lifetime.

¿QUÉ ES EL OFICIO DE LA LLAVES?
EL OFICIO DE LAS LLAVES ES EL PODER ESPECIAL QUE NUESTRO SEÑOR JESUCRISTO HA DADO A SU IGLESIA EN LA TIERRA...
PERDONADOS
NO PERDONADOS
DE PERDONAR LOS PECADOS A LOS PENITENTES...
Y DE NO PERDONAR A LOS IMPENITENTES MIENTRAS NO SE ARREPIENTAN.
¿DÓNDE ESTÁ ESCRITO ESTO?
ASÍ ESCRIBE EL EVANGELISTA SAN JUAN EN EL CAPÍTULO VEINTE: RECIBAN EL ESPÍRITU SANTO. A QUIENES USTEDES PERDONEN LOS PECADOS, LES QUEDARÁN PERDONADOS; Y A QUIENES NO SE LOS PERDONEN, LES QUEDARÁN SIN PERDONAR (JUAN 20:22-23).
¿QUÉ CREES SEGÚN ESTAS PALABRAS?*
CUANDO LOS MINISTROS DEBIDAMENTE LLAMADOS DE CRISTO, POR SU MANDATO DIVINO, TRATAN CON NOSOTROS, ESPECIALMENTE CUANDO EXCLUYEN A LOS PECADORES MANIFIESTOS E IMPENITENTES DE LA CONGREGACIÓN CRISTIANA, Y CUANDO ABSUELVEN A LOS QUE SE ARREPIENTEN DE SUS PECADOS Y PROMETEN ENMENDARSE, CREO QUE ESTO ES TAN VÁLIDO Y CIERTO, TAMBIÉN EN EL CIELO, COMO SI NUESTRO SEÑOR JESUCRISTO MISMO TRATASE CON NOSOTROS.
* Estas preguntas quizás no las compuso el propio Martín Lutero, pero son un reflejo de sus enseñanzas y fueron incluidas en la edición del Catecismo Menor, mientras él aún vivía.

THE SACRAMENT OF THE ALTAR
AS THE HEAD OF THE FAMILY SHOULD TEACH IT IN A SIMPLE WAY TO HIS HOUSEHOLD.
WHAT IS THE SACRAMENT OF THE ALTAR?
IT IS THE TRUE BODY AND BLOOD OF OUR LORD JESUS CHRIST UNDER THE BREAD AND WINE, INSTITUTED BY CHRIST HIMSELF FOR US CHRISTIANS TO EAT AND TO DRINK.
WHERE IS THIS WRITTEN?
THE HOLY EVANGELISTS MATTHEW, MARK, LUKE AND ST. PAUL WRITE:
OUR LORD JESUS CHRIST, ON THE NIGHT WHEN HE WAS BETRAYED, TOOK BREAD, AND WHEN HE HAD GIVEN THANKS, HE BROKE IT AND GAVE IT TO THE DISCIPLES AND SAID: "TAKE, EAT; THIS IS MY BODY, WHICH IS GIVEN FOR YOU. THIS DO IN REMEMBRANCE OF ME."
IN THE SAME WAY ALSO HE TOOK THE CUP AFTER SUPPER, AND WHEN HE HAD GIVEN THANKS, HE GAVE IT TO THEM, SAYING, "DRINK OF IT, ALL OF YOU; THIS CUP IS THE NEW TESTAMENT IN MY BLOOD, WHICH IS SHED FOR YOU FOR THE FORGIVENESS OF SINS. THIS DO, AS OFTEN AS YOU DRINK IT, IN REMEMBRANCE OF ME."
MATTHEW
MARK
LUKE
PAUL

EL SACRAMENTO DE LA CENA DEL SEÑOR
CÓMO EL JEFE DE FAMILIA DEBE ENSEÑARLO EN FORMA MUY SENCILLA A LOS DE SU CASA.
¿QUÉ ES EL SACRAMENTO DE LA CENA DEL SEÑOR?
ES EL VERDADERO CUERPO Y LA VERDADERA SANGRE DE NUESTRO SEÑOR JESUCRISTO BAJO EL PAN Y EL VINO, INSTITUIDO POR CRISTO MISMO PARA QUE LOS CRISTIANOS LO COMAMOS Y BEBAMOS.
MATEO
MARCOS
LUCAS
PABLO
¿DÓNDE ESTÁ ESCRITO ESTO?
ASÍ ESCRIBEN LOS SANTOS EVANGELISTAS MATEO, MARCOS Y LUCAS, Y TAMBIÉN SAN PABLO:
"NUESTRO SEÑOR JESUCRISTO, LA NOCHE EN QUE FUE ENTREGADO, TOMÓ EL PAN; Y HABIENDO DADO GRACIAS, LO PARTIÓ Y DIO A SUS DISCÍPULOS, DICIENDO: TOMEN, COMAN; ESTO ES MI CUERPO QUE POR USTEDES ES DADO. HAGAN ESTO EN MEMORIA DE MÍ."
"ASIMISMO TOMÓ TAMBIÉN LA COPA, DESPUÉS DE HABER CENADO, Y HABIENDO DADO GRACIAS, LA DIO A ELLOS, DICIENDO: TOMEN, BEBAN DE ELLA TODOS; ESTA COPA ES EL NUEVO PACTO EN MI SANGRE, QUE ES DERRAMADA POR USTEDES PARA REMISIÓN DE LOS PECADOS. HAGAN ESTO, TODAS LAS VECES QUE BEBAN, EN MEMORIA DE MÍ."
52

FORGIVENESS
LIFE
SALVATION
WHAT IS THE BENEFIT OF THIS EATING AND DRINKING?
THESE WORDS, "GIVEN AND SHED FOR YOU FOR THE FORGIVENESS OF SINS," SHOWS US THAT IN THE SACRAMENT FORGIVENESS OF SINS, LIFE, AND SALVATION ARE GIVEN US THROUGH THESE WORDS. FOR WHERE THERE IS FORGIVENESS OF SINS, THERE IS ALSO LIFE AND SALVATION.
HOW CAN BODILY EATING AND DRINKING DO SUCH GREAT THINGS?
CERTAINLY NOT JUST EATING AND DRINKING DO THESE THINGS, BUT THE WORDS WRITTEN HERE: "GIVEN AND SHED FOR YOU FOR THE FORGIVENESS OF SINS." THESE WORDS, ALONG WITH THE BODILY EATING AND DRINKING, ARE THE MAIN THING IN THE SACRAMENT.
WHOEVER BELIEVES THESE WORDS HAS EXACTLY WHAT THEY SAY: "FORGIVENESS OF SINS."

WHO RECEIVES THIS SACRAMENT WORTHILY?
FASTING AND BODILY PREPARATION ARE CERTAINLY FINE OUTWARD TRAINING.
FOR YOU
BUT THAT PERSON IS TRULY WORTHY AND WELL PREPARED WHO HAS FAITH IN THESE WORDS: "GIVEN AND SHED FOR YOU FOR THE FORGIVENESS OF SINS."
BUT ANYONE WHO DOES NOT BELIEVE THESE WORDS OR DOUBTS THEM IS UNWORTHY AND UNPREPARED, FOR THE WORDS "FOR YOU" REQUIRE ALL HEARTS TO BELIEVE.

PERDÓN
VIDA
SALVACIÓN
¿QUÉ BENEFICIOS CONFIERE EL COMER Y BEBER ASÍ?
LOS BENEFICIOS LOS INDICAN ESTAS PALABRAS: "POR USTEDES DADO" Y "POR USTEDES DERRAMADA PARA PERDÓN DE LOS PECADOS." O SEA, POR ESTAS PALABRAS SE NOS DA EN EL SACRAMENTO PERDÓN DE PECADOS, VIDA Y SALVACIÓN; PORQUE DONDE HAY PERDÓN DE PECADOS, HAY TAMBIÉN VIDA Y SALVACIÓN.
¿CÓMO PUEDE EL COMER Y BEBER CORPORAL HACER UNA COSA TAN GRANDE?
CIERTAMENTE, EL COMER Y BEBER NO ES LO QUE LA HACE, SINO LAS PALABRAS QUE ESTÁN AQUÍ ESCRITAS: "POR USTEDES DADO" Y "POR USTEDES DERRAMADA PARA PERDÓN DE LOS PECADOS." ESTAS PALABRAS SON, JUNTO CON EL COMER Y BEBER CORPORAL, LO PRINCIPAL EN EL SACRAMENTO.
Y EL QUE CREE DICHAS PALABRAS, TIENE LO QUE ELLAS DICEN Y EXPRESAN; ESO ES: "EL PERDÓN DE LOS PECADOS."
¿QUIÉN RECIBE ESTE SACRAMENTO DIGNAMENTE?
EL AYUNAR Y PREPARARSE CORPORALMENTE ES, POR CIERTO, UN BUEN DISCIPLINAMIENTO EXTERNO.
POR USTEDES
PERO VERDADERAMENTE DIGNO Y BIEN PREPARADO ES AQUÉL QUE TIENE FE EN LAS PALABRAS: "POR USTEDES DADO" Y "POR USTEDES DERRAMADA PARA PERDÓN DE LOS PECADOS."
MAS EL QUE NO CREE ESTAS PALABRAS, O DUDA DE ELLAS, NO ES DIGNO, NI ESTÁ PREPARADO; PORQUE LAS PALABRAS "POR USTEDES" EXIGEN CORAZONES ENTERAMENTE CREYENTES.
54

DAILY PRAYERS

HOW THE HEAD OF THE FAMILY SHOULD TEACH HIS HOUSEHOLD TO PRAY MORNING AND EVENING

MORNING PRAYER

IN THE MORNING WHEN YOU GET UP, MAKE THE SIGN OF THE HOLY CROSS AND SAY:

IN THE NAME OF THE FATHER AND OF THE SON AND OF THE HOLY SPIRIT. AMEN.

THEN, KNEELING OR STANDING, REPEAT THE CREED AND THE LORD'S PRAYER. IF YOU CHOOSE, YOU MAY ALSO SAY THIS LITTLE PRAYER:

I THANK YOU, MY HEAVENLY FATHER, THROUGH JESUS CHRIST, YOU DEAR SON, THAT YOU HAVE KEPT ME THIS NIGHT FROM ALL HARM AND DANGER; AND I PRAY THAT YOU WOULD KEEP ME THIS DAY ALSO FROM SIN AND EVERY EVIL, THAT ALL MY DOINGS AND LIFE MAY PLEASE YOU. FOR INTO YOUR HANDS I COMMEND MYSELF, MY BODY AND SOUL, AND ALL THINGS. LET YOUR HOLY ANGEL BE WITH ME, THAT THE EVIL FOE MAY HAVE NO POWER OVER ME. AMEN.

THEN GO JOYFULLY TO YOUR WORK, SINGING A HYMN, LIKE THAT OF THE TEN COMMANDMENTS, OR WHATEVER YOUR DEVOTION MAY SUGGEST.

EVENING PRAYER

IN THE EVENING WHEN YOU GO TO BED, MAKE THE SIGN OF THE HOLY CROSS AND SAY:

IN THE NAME OF THE FATHER AND OF THE SON AND OF THE HOLY SPIRIT. AMEN.

THEN KNEELING OR STANDING, REPEAT THE CREED AND THE LORD'S PRAYER. IF YOU CHOOSE, YOU MAY ALSO SAY THIS LITTLE PRAYER:

I THANK YOU, MY HEAVENLY FATHER, THROUGH JESUS CHRIST, YOUR DEAR SON, THAT YOU HAVE GRACIOUSLY KEPT ME THIS DAY; AND I PRAY THAT YOU WOULD FORGIVE ME ALL MY SINS WHERE I HAVE DONE WRONG, AND GRACIOUSLY KEEP ME THIS NIGHT. FOR INTO YOUR HANDS, I COMMEND MYSELF, MY BODY AND SOUL, AND ALL THINGS. LET YOUR HOLY ANGEL BE WITH ME, THAT THE EVIL FOE MAY HAVE NO POWER OVER ME. AMEN.

THEN GO TO SLEEP AT ONCE AND IN GOOD CHEER.

HOW THE HEAD OF THE FAMILY SHOULD TEACH HIS HOUSEHOLD TO ASK A BLESSING AND RETURN THANKS.

ASKING A BLESSING

THE CHILDREN AND THE MEMBERS OF THE HOUSEHOLD SHALL GO TO THE TABLE REVERENTLY, FOLD THEIR HANDS, AND SAY:

THE EYES OF ALL LOOK TO YOU, O LORD, AND YOU GIVE THEM THEIR FOOD AT THE PROPER TIME. YOU OPEN YOUR HAND AND SATISFY THE DESIRES OF EVERY LIVING THING (PSALM 145:15–16).

THEN SHALL BE SAID THE LORD'S PRAYER AND THE FOLLOWING:

LORD GOD, HEAVENLY FATHER, BLESS US AND THESE YOUR GIFTS WHICH WE RECEIVE FROM YOUR BOUNTIFUL GOODNESS, THROUGH JESUS CHRIST, OUR LORD. AMEN.

RETURNING THANKS

ALSO, AFTER EATING, THEY SHALL, IN LIKE MANNER, REVERENTLY AND WITH FOLDED HANDS SAY:

GIVE THANKS TO THE LORD, FOR HE IS GOOD, HIS LOVE ENDURES FOREVER. HE GIVES FOOD TO EVERY CREATURE. HE PROVIDES FOOD FOR THE CATTLE AND FOR THE YOUNG RAVENS WHEN THEY CALL. HIS PLEASURE IS NOT IN THE STRENGTH OF THE HORSE, NOR HIS DELIGHT IN THE LEGS OF A MAN; THE LORD DELIGHTS IN THOSE WHO FEAR HIM, WHO PUT THEIR HOPE IN HIS UNFAILING LOVE (PSALM 136:1, 25; 147:9–11).

THEN SHALL BE SAID THE LORD'S PRAYER AND THE FOLLOWING:

WE THANK YOU, LORD GOD, HEAVENLY FATHER, FOR ALL YOUR BENEFITS, THROUGH JESUS CHRIST, OUR LORD, WHO LIVES AND REIGNS WITH YOU AND THE HOLY SPIRIT FOREVER AND EVER. AMEN.

ORACIONES DIARIAS

COMO EL JEFE DE FAMILIA DEBE ENSEÑAR A LOS DE SU CASA PARA LA MAÑANA Y LA NOCHE.

POR LA MAÑANA

APENAS HAYAS ABANDONADO EL LECHO, TE HARÁS LA SEÑAL DE LA CRUZ Y DIRÁS ASÍ:
EN EL NOMBRE DE DIOS PADRE, HIJO Y ESPÍRITU SANTO. AMÉN.

ENTONCES, PUESTO DE RODILLAS O DE PIE, DIRÁS EL CREDO Y EL PADRENUESTRO. SI QUIERES, PUEDES ORAR BREVEMENTE ASÍ:
TE DOY GRACIAS, PADRE CELESTIAL, POR MEDIO DE JESUCRISTO, TU AMADO HIJO, PORQUE ME HAS PROTEGIDO DURANTE ESTA NOCHE DE TODO MAL Y PELIGRO, Y TE RUEGO QUE TAMBIÉN DURANTE ESTE DÍA ME GUARDES DE PECADOS Y DE TODO MAL, PARA QUE TE AGRADE TODO MI OBRAR Y VIVIR. EN TUS MANOS ENCOMIENDO MI CUERPO, MI ALMA Y TODO LO QUE ES MÍO. TU SANTO ANGEL ME ACOMPAÑE, PARA QUE EL MALIGNO NO TENGA NINGÚN PODER SOBRE MÍ. AMÉN.

Y LUEGO DIRÍGETE CON GOZO A TU LABOR ENTONANDO QUIZÁS UN HIMNO, POR EJEMPLO ACERCA DE LOS DIEZ MANDAMIENTOS, O LO QUE TU CORAZÓN TE DICTE.

POR LA NOCHE

CUANDO TE RETIRES A DESCANSAR, TE HARÁS LA SEÑAL DE LA CRUZ Y DIRÁS ASÍ:
EN EL NOMBRE DE DIOS PADRE, HIJO Y ESPÍRITU SANTO. AMÉN.

ENTONCES, PUESTO DE RODILLAS O DE PIE, DIRÁS EL CREDO Y EL PADRENUESTRO. SI QUIERES, PUEDES ORAR BREVEMENTE ASÍ:
TE DOY GRACIAS, PADRE CELESTIAL, POR MEDIO DE JESUCRISTO, TU AMADO HIJO, PORQUE ME HAS PROTEGIDO BENIGNAMENTE EN ESTE DÍA, Y TE RUEGO QUE ME PERDONES TODOS LOS PECADOS QUE HE COMETIDO, Y ME GUARDES BENIGNAMENTE EN ESTA NOCHE. EN TUS MANOS ENCOMIENDO MI CUERPO, MI ALMA, Y TODO LO QUE ES MÍO. TU SANTO ANGEL ME ACOMPAÑE, PARA QUE EL MALIGNO NO TENGA NINGÚN PODER SOBRE MÍ. AMÉN.

LUEGO DESCANSA CONFIADAMENTE.

CÓMO EL JEFE DE FAMILIA DEBE ENSEÑAR A LOS DE SU CASA LA BENDICIÓN Y ACCIÓN DE GRACIAS.

PETICIÓN DE BENDICIONES

TANTO LOS NIÑOS COMO LOS CRIADOS SE ACERCARÁN A LA MESA CON LAS MANOS JUNTAS Y, REVERENTEMENTE, DIRÁN ASÍ:
LOS OJOS DE TODOS ESPERAN DE TÍ QUE TU LES DES SU COMIDA A SU TIEMPO. ABRES TU MANO Y CON TU BUENA VOLUNTAD SATISFACES A TODOS LOS SERES VIVOS (SALMO 145:15–16).

LUEGO RECITARÁN EL PADRENUESTRO Y ESTA ORACIÓN:
SEÑOR DIOS, PADRE CELESTIAL: BENDÍCENOS Y BENDICE ESTOS TUS DONES, QUE DE TU GRAN BONDAD RECIBIMOS. POR JESUCRISTO, NUESTRO SEÑOR. AMÉN.

ACCIÓN DE GRACIAS

ASÍ TAMBIÉN, DESPÚES DE HABER COMIDO, DIRÁN IGUALMENTE CON REVERENCIA Y CON LAS MANOS JUNTAS:
DEN GRACIAS AL SEÑOR, PORQUE ÉL ES BUENO; PORQUE SU AMOR ES ETERNO. ÉL DA DE COMER A LOS ANIMALES Y A LAS CRÍAS DE LOS CUERVOS CUANDO CHILLAN. NO ES LA FUERZA DEL CABALLO NI LOS MÚSCULOS DEL HOMBRE LO QUE MÁS AGRADA AL SEÑOR; A ÉL LE AGRADAN LOS QUE LE HONRAN, LOS QUE CONFÍAN EN SU AMOR. (SALMO 136:1,25; 147:9–11).

ENTONCES RECITARÁN EL PADRENUESTRO, AÑADIENDO LA SIGUIENTE ORACIÓN:
TE DAMOS GRACIAS, SEÑOR DIOS PADRE, POR JESUCRISTO, NUESTRO SEÑOR, POR TODOS TUS BENEFICIOS: TÚ QUE VIVES Y REINAS POR TODOS LOS SIGLOS. AMÉN.

TABLE OF DUTIES

CERTAIN PASSAGES OF SCRIPTURE FOR VARIOUS HOLY ORDERS AND POSITIONS, ADMONISHING THEM ABOUT THEIR DUTIES AND RESPONSIBILITIES

TO BISHOPS, PASTORS, AND PREACHERS

THE OVERSEER MUST BE ABOVE REPROACH, THE HUSBAND OF BUT ONE WIFE, TEMPERATE, SELF CONTROLLED, RESPECTABLE, HOSPITABLE, ABLE TO TEACH, NOT GIVEN TO DRUNKENNESS, NOT VIOLENT BUT GENTLE, NOT QUARRELSOME, NOT A LOVER OF MONEY. HE MUST MANAGE HIS OWN FAMILY WELL AND SEE THAT HIS CHILDREN OBEY HIM WITH PROPER RESPECT. 1 TIM. 3:2–4

HE MUST NOT BE A RECENT CONVERT, OR HE MAY BECOME CONCEITED AND FALL UNDER THE SAME JUDGMENT AS THE DEVIL. 1 TIM. 3:6

HE MUST HOLD FIRMLY TO THE TRUSTWORTHY MESSAGE AS IT HAS BEEN TAUGHT, SO THAT HE CAN ENCOURAGE OTHERS BY SOUND DOCTRINE AND REFUTE THOSE WHO OPPOSE IT. TITUS 1:9

WHAT THE HEARERS OWE THEIR PASTORS

THE LORD HAS COMMANDED THAT THOSE WHO PREACH THE GOSPEL SHOULD RECEIVE THEIR LIVING FROM THE GOSPEL. 1 COR. 9:14

ANYONE WHO RECEIVES INSTRUCTION IN THE WORD MUST SHARE ALL GOOD THINGS WITH HIS INSTRUCTOR. DO NOT BE DECEIVED: GOD CANNOT BE MOCKED. A MAN REAPS WHAT HE SOWS. GAL. 6:6–7

THE ELDERS WHO DIRECT THE AFFAIRS OF THE CHURCH WELL ARE WORTHY OF DOUBLE HONOR, ESPECIALLY THOSE WHOSE WORK IS PREACHING AND TEACHING. FOR THE SCRIPTURE SAYS, "DO NOT MUZZLE THE OX WHILE IT IS TREADING OUT THE GRAIN," AND "THE WORKER DESERVES HIS WAGES." 1 TIM. 5:17–18.

WE ASK YOU, BROTHERS, TO RESPECT THOSE WHO WORK HARD AMONG YOU, WHO ARE OVER YOU IN THE LORD AND WHO ADMONISH YOU. HOLD THEM IN THE HIGHEST REGARD IN LOVE BECAUSE OF THEIR WORK. LIVE IN PEACE WITH EACH OTHER. 1 THESS. 5:12–13

OBEY YOUR LEADERS AND SUBMIT TO THEIR AUTHORITY. THEY KEEP WATCH OVER YOU AS MEN WHO MUST GIVE AN ACCOUNT. OBEY THEM SO THAT THEIR WORK WILL BE A JOY, NOT A BURDEN, FOR THAT WOULD BE OF NO ADVANTAGE TO YOU. HEB. 13:17

OF CIVIL GOVERNMENT

EVERYONE MUST SUBMIT HIMSELF TO THE GOVERNING AUTHORITIES, FOR THERE IS NO AUTHORITY EXCEPT THAT WHICH GOD HAS ESTABLISHED. THE AUTHORITIES THAT EXIST HAVE BEEN ESTABLISHED BY GOD. CONSEQUENTLY, HE WHO REBELS AGAINST THE AUTHORITY IS REBELLING AGAINST WHAT GOD HAS INSTITUTED, AND THOSE WHO DO SO WILL BRING JUDGMENT ON THEMSELVES. FOR RULERS HOLD NO TERROR FOR THOSE WHO DO RIGHT, BUT FOR THOSE WHO DO WRONG. DO YOU WANT TO BE FREE FROM FEAR OF THE ONE IN AUTHORITY? THEN DO WHAT IS RIGHT AND HE WILL COMMEND YOU. FOR HE IS GOD'S SERVANT TO DO YOU GOOD. BUT IF YOU DO WRONG, BE AFRAID, FOR HE DOES NOT BEAR THE SWORD FOR NOTHING. HE IS GOD'S SERVANT, AN AGENT OF WRATH TO BRING PUNISHMENT ON THE WRONGDOER. ROM. 13:1–4

OF CITIZENS

GIVE TO CAESAR WHAT IS CAESAR'S, AND TO GOD WHAT IS GOD'S. MATT. 22:21.

IT IS NECESSARY TO SUBMIT TO THE AUTHORITIES, NOT ONLY BECAUSE OF POSSIBLE PUNISHMENT BUT ALSO BECAUSE OF CONSCIENCE. THIS IS ALSO WHY YOU PAY TAXES, FOR THE AUTHORITIES ARE GOD'S SERVANTS, WHO GIVE THEIR FULL TIME TO GOVERNING. GIVE EVERYONE WHAT YOU OWE HIM: IF YOU OWE TAXES, PAY TAXES; IF REVENUE, THEN REVENUE; IF RESPECT, THEN RESPECT; IF HONOR, THEN HONOR. ROM. 13:5–7

I URGE, THEN, FIRST OF ALL, THAT REQUESTS, PRAYERS, INTERCESSION AND THANKSGIVING BE MADE FOR EVERYONE FOR KINGS AND ALL THOSE IN AUTHORITY, THAT WE MAY LIVE PEACEFUL AND QUIET LIVES IN ALL GODLINESS AND HOLINESS. THIS IS GOOD AND PLEASES GOD OUR SAVIOR. 1 TIM. 2:1–3

REMIND THE PEOPLE TO BE SUBJECT TO RULES AND AUTHORITIES, TO BE OBEDIENT, TO BE READY TO DO WHATEVER IS GOOD. TITUS 3:1

SUBMIT YOURSELVES FOR THE LORD'S SAKE TO EVERY AUTHORITY INSTITUTED AMONG MEN: WHETHER TO THE KING, AS THE SUPREME AUTHORITY, OR TO GOVERNORS, WHO ARE SENT BY HIM TO PUNISH THOSE WHO DO WRONG AND TO COMMEND THOSE WHO DO RIGHT. 1 PETER 2:13–14

TABLA DE DEBERES

CIERTAS PORCIONES DE LAS SAGRADAS ESCRITURAS, POR LAS CUALES EL CRISTIANO ES AMONESTADO CON RESPECTO A SU VOCACIÓN Y A SUS DEBERES.

A LOS OBISPOS, A LOS PASTORES Y A LOS PREDICADORES

* LA CONDUCTA DEL QUE TIENE RESPONSABILIDADES COMO DIRIGENTE HA DE SER IRREPRENSIBLE. DEBE SER ESPOSO DE UNA SOLA MUJER Y LLEVAR UNA VIDA SERIA, JUICIOSA Y RESPETABLE. DEBE ESTAR SIEMPRE DISPUESTO A HOSPEDAR GENTE EN SU CASA; DEBE SER APTO PARA ENSEÑAR; NO DEBE SER BORRACHO NI AMIGO DE PELEAS, SINO BONDADOSO, PACÍFICO Y DESINTERESADO EN CUANTO AL DINERO. DEBE SABER GOBERNAR BIEN SU CASA Y HACER QUE SUS HIJOS SEAN OBEDIENTES Y RESPETUOSOS. 1 TIMOTEO 3:2–4
* EL DIRIGENTE NO DEBE SER UN RECIÉN CONVERTIDO, NO SEA QUE SE LLENE DE ORGULLO Y CAIGA BAJO LA MISMA CONDENACIÓN EN QUE CAYÓ EL DIABLO. 1 TIMOTEO 3:6 * DEBE APEGARSE AL VERDADERO MENSAJE QUE SE LE ENSEÑÓ, PARA QUE TAMBIÉN PUEDA ANIMAR A OTROS CON LA SANA ENSEÑANZA Y CONVENCER A LOS QUE CONTRADICEN. TITO 1:9

DEBERES DE LOS CRISTIANOS PARA CON SUS MAESTROS Y PASTORES

* COMAN Y BEBAN DE LO QUE ELLOS TENGAN, PUES EL TRABAJADOR TIENE DERECHO A SU PAGA. LUCAS 10:7
* DE IGUAL MANERA, EL SEÑOR HA DISPUESTO QUE QUIENES ANUNCIAN EL MENSAJE DE SALVACIÓN VIVAN DE ESE MISMO TRABAJO. 1 CORINTIOS 9:14
* EL QUE RECIBE INSTRUCCIÓN EN EL MENSAJE DEL EVANGELIO, DEBE COMPARTIR CON SU MAESTRO TODA CLASE DE BIENES. NO SE ENGAÑEN USTEDES: NADIE PUEDE BURLARSE DE DIOS. GÁLATAS 6:6–7
* LOS ANCIANOS QUE GOBIERNAN BIEN LA IGLESIA DEBEN SER DOBLEMENTE APRECIADOS, ESPECIALMENTE LOS QUE SE DEDICAN A PREDICAR Y ENSEÑAR. PUES LA ESCRITURA DICE: "NO LE PONGAS BOZAL AL BUEY QUE TRILLA." Y TAMBIÉN: "EL TRABAJADOR TIENE DERECHO A SU PAGA." 1 TIMOTEO 5:17–18
*HERMANOS, LES ROGAMOS QUE TENGAN RESPETO A LOS QUE TRABAJAN ENTRE USTEDES Y LOS DIRIGEN Y ACONSEJAN EN EL SEÑOR. DEBEN ESTIMARLOS Y AMARLOS MUCHO, POR EL TRABAJO QUE HACEN. VIVAN EN PAZ UNOS CON OTROS. 1 TESALONICENSES 5:12–13 * OBEDEZCAN A SUS DIRIGENTES Y SOMETÁNSE A ELLOS, PORQUE ELLOS CUIDAN SIN DESCANSO DE USTEDES, SABIENDO QUE TIENEN QUE RENDIR CUENTAS A DIOS. PROCUREN HACERLES EL TRABAJO AGRADABLE Y NO PENOSO, PUES LO CONTRARIO NO SERÍA DE NINGÚN PROVECHO PARA USTEDES HEBREOS 13:17

DEL GOBIERNO CIVIL

* TODOS DEBEN SOMETERSE A LAS AUTORIDADES ESTABLECIDAS. PORQUE NO HAY AUTORIDAD QUE NO VENGA DE DIOS, Y LAS QUE HAY, FUERON PUESTAS POR ÉL. ASÍ QUE QUIEN SE OPONE A LA AUTORIDAD, VA EN CONTRA DE LO QUE DIOS HA ORDENADO. Y LOS QUE SE OPONEN SERÁN CASTIGADOS; PORQUE LOS GOBERNANTES NO ESTÁN PARA CAUSAR MIEDO A LOS QUE HACEN LO BUENO, SINO A LOS QUE HACEN LO MALO. ¿QUIERES VIVIR SIN MIEDO A LA AUTORIDAD? PUES PÓRTATE BIEN, Y LA AUTORIDAD TE APROBARÁ, PORQUE ESTÁ AL SERVICIO DE DIOS PARA TU BIEN. PERO, SI TE PORTAS MAL, ENTONCES SÍ DEBES TENER MIEDO; PORQUE NO EN VANO LA AUTORIDAD LLEVA LA ESPADA, YA QUE ESTÁ AL SERVICIO DE DIOS PARA DAR SU MERECIDO AL QUE HACE LO MALO. ROMANOS 13:1–4

DEBERES DE LOS CIUDADANOS HACIA LA AUTORIDAD

* DEN AL EMPERADOR LO QUE ES DEL EMPERADOR, Y A DIOS LO QUE ES DE DIOS. MATEO 22:21 *ES PRECISO SOMETERSE A LAS AUTORIDADES, NO SÓLO PARA EVITAR EL CASTIGO, SINO COMO UN DEBER DE CONCIENCIA. TAMBIÉN POR ESTA RAZÓN USTEDES PAGAN IMPUESTOS; PORQUE LAS AUTORIDADES ESTÁN AL SERVICIO DE DIOS, Y A ESO SE DEDICAN. DENLE A CADA UNO LO QUE LE CORRESPONDE. AL QUE DEBAN PAGAR CONTRIBUCIONES, PÁGUENLE LAS CONTRIBUCIONES; AL QUE DEBAN PAGAR IMPUESTOS, PÁGUENLE LOS IMPUESTOS; AL QUE DEBAN RESPETO, RESPÉTENLO; AL QUE DEBAN ESTIMACIÓN, ESTÍMENLO. ROMANOS 13:5–7 * ANTE TODO RECOMIENDO QUE SE HAGAN PETICIONES, ORACIONES, SÚPLICAS Y ACCIONES DE GRACIAS A DIOS POR TODA LA HUMANIDAD. SE DEBE ORAR POR LOS QUE GOBIERNAN Y POR TODAS LAS AUTORIDADES, PARA QUE PODAMOS GOZAR DE UNA VIDA TRANQUILA Y PACÍFICA, LLENA DE REVERENCIA A DIOS Y RESPETABLE EN TODOS LOS SENTIDOS. ESTO ES BUENO Y AGRADA A DIOS NUESTRO SALVADOR. 1 TIMOTEO 2:1–3
* RECUÉRDALES QUE SE SOMETAN AL GOBIERNO Y A LAS AUTORIDADES, QUE SEAN OBEDIENTES Y QUE SIEMPRE ESTÉN DISPUESTOS A HACER LO BUENO. TITO 3:1
* POR CAUSA DEL SEÑOR, SOMÉTANSE A TODA AUTORIDAD HUMANA: TANTO AL EMPERADOR, POR SER EL CARGO MÁS ALTO, COMO A LOS GOBERNANTES QUE ÉL ENVÍA PARA CASTIGAR A LOS MALHECHORES Y HONRAR A LOS QUE HACEN EL BIEN. 1 PEDRO 2:13–14

TO HUSBANDS

HUSBANDS, IN THE SAME WAY BE CONSIDERATE AS YOU LIVE WITH YOUR WIVES, AND TREAT THEM WITH RESPECT AS THE WEAKER PARTNER AND AS HEIRS WITH YOU OF THE GRACIOUS GIFT OF LIFE, SO THAT NOTHING WILL HINDER YOUR PRAYERS. 1 PETER 3:7

HUSBANDS, LOVE YOUR WIVES AND DO NOT BE HARSH WITH THEM. COL. 3:19

TO WIVES

WIVES, SUBMIT TO YOUR HUSBANDS AS TO THE LORD. EPH. 5:22

THEY WERE SUBMISSIVE TO THEIR OWN HUSBANDS, LIKE SARAH, WHO OBEYED ABRAHAM AND CALLED HIM HER MASTER. YOU ARE HER DAUGHTERS IF YOU DO WHAT IS RIGHT AND DO NOT GIVE WAY TO FEAR. 1 PETER 3:5–6

TO PARENTS

FATHERS, DO NOT EXASPERATE YOUR CHILDREN; INSTEAD, BRING THEM UP IN THE TRAINING AND INSTRUCTION OF THE LORD. EPH. 6:4

TO CHILDREN

CHILDREN, OBEY YOUR PARENTS IN THE LORD, FOR THIS IS RIGHT. "HONOR YOUR FATHER AND YOUR MOTHER" WHICH IS THE FIRST COMMANDMENT WITH A PROMISE "THAT IT MAY GO WELL WITH YOU AND THAT YOU MAY ENJOY LONG LIFE ON THE EARTH." EPH. 6:1–3

TO WORKERS OF ALL KINDS

SLAVES, OBEY YOUR EARTHLY MASTERS WITH RESPECT AND FEAR, AND WITH SINCERITY OF HEART, JUST AS YOU WOULD OBEY CHRIST. OBEY THEM NOT ONLY TO WIN THEIR FAVOR WHEN THEIR EYE IS ON YOU, BUT LIKE SLAVES OF CHRIST, DOING THE WILL OF GOD FROM YOUR HEART. SERVE WHOLE-HEARTEDLY, AS IF YOU WERE SERVING THE LORD, NOT MEN, BECAUSE YOU KNOW THAT THE LORD WILL REWARD EVERYONE FOR WHATEVER GOOD HE DOES, WHETHER HE IS SLAVE OR FREE. EPH. 6:5–8

TO EMPLOYERS AND SUPERVISORS

MASTERS, TREAT YOUR SLAVES IN THE SAME WAY. DO NOT THREATEN THEM, SINCE YOU KNOW THAT HE WHO IS BOTH THEIR MASTER AND YOURS IS IN HEAVEN, AND THERE IS NO FAVORITISM WITH HIM. EPH. 6:9

TO YOUTH

YOUNG MEN, IN THE SAME WAY BE SUBMISSIVE TO THOSE WHO ARE OLDER. ALL OF YOU, CLOTHE YOURSELVES WITH HUMILITY TOWARD ONE ANOTHER, BECAUSE, "GOD OPPOSES THE PROUD BUT GIVES GRACE TO THE HUMBLE." HUMBLE YOURSELVES, THEREFORE, UNDER GOD'S MIGHTY HAND, THAT HE MAY LIFT YOU UP IN DUE TIME. 1 PETER 5:5–6

TO WIDOWS

THE WIDOW WHO IS REALLY IN NEED AND LEFT ALL ALONE PUTS HER HOPE IN GOD AND CONTINUES NIGHT AND DAY TO PRAY AND TO ASK GOD FOR HELP. BUT THE WIDOW WHO LIVES FOR PLEASURE IS DEAD EVEN WHILE SHE LIVES. 1 TIM. 5:5–6

TO EVERYONE

THE COMMANDMENTS... ARE SUMMED UP IN THIS ONE RULE: "LOVE YOUR NEIGHBOR AS YOURSELF." ROM. 13:9

I URGE... THAT REQUESTS, PRAYERS, INTERCESSION AND THANKSGIVING BE MADE FOR EVERYONE. 1 TIM. 2:1

LET EACH HIS LESSON LEARN WITH CARE, AND
ALL THE HOUSEHOLD WELL SHALL FARE.

A LOS MARIDOS LOS ESPOSOS SEAN COMPRENSIVOS CON SUS ESPOSAS. DENLES EL HONOR QUE LES CORRESPONDE, NO SOLAMENTE PORQUE LA MUJER ES MÁS DELICADA, SINO TAMBIÉN PORQUE DIOS EN SU BONDAD LES HA PROMETIDO A ELLAS LA MISMA VIDA QUE A USTEDES. HÁGANLO ASÍ PARA QUE NADA ESTORBE SUS ORACIONES. 1 PEDRO 3:7
ESPOSOS, AMEN A SUS ESPOSAS Y NO LAS TRATEN CON ASPEREZA.
COLOSENSES 3:19

A LAS ESPOSAS ESPOSAS, ESTÉN SUJETAS A SUS ESPOSOS COMO AL SEÑOR. EFESIOS 5:22
ELLAS CONFIABAN EN DIOS Y SE SOMETÍAN A SUS ESPOSOS. ASÍ FUE SARA, QUE OBEDECIÓ A ABRAHAM Y LE LLAMÓ "MI SEÑOR". Y USTEDES SON HIJAS DE ELLA, SI HACEN EL BIEN Y NO TIENEN MIEDO DE NADA.
1 PEDRO 3:5–6

A LOS PADRES USTEDES, PADRES, NO HAGAN ENOJAR A SUS HIJOS, SINO MÁS BIEN CRÍENLOS CON DISCIPLINA E INSTRÚYANLOS EN EL AMOR AL SEÑOR. EFESIOS 6:4

A LOS HIJOS HIJOS, OBEDEZCAN A SUS PADRES POR AMOR AL SEÑOR, PORQUE ESTO ES JUSTO. EL PRIMER MANDAMIENTO QUE CONTIENE UNA PROMESA ES ÉSTE: "HONRA A TU PADRE Y A TU MADRE, PARA QUE SEAS FELIZ Y VIVAS UNA LARGA VIDA EN LA TIERRA." EFESIOS 6:1–3

A LOS TRABAJADORES DE TODA CLASE ESCLAVOS, OBEDEZCAN USTEDES A LOS QUE AQUÍ EN LA TIERRA SON SUS AMOS. HÁGANLO CON RESPETO, TEMOR Y SINCERIDAD, COMO SI ESTUVIERAN SIRVIENDO A CRISTO. SÍRVANLES, NO SOLAMENTE CUANDO ELLOS LOS ESTÁN MIRANDO, PARA QUEDAR BIEN CON ELLOS, SINO COMO SIERVOS DE CRISTO, HACIENDO DE TODO CORAZÓN LA VOLUNTAD DE DIOS. REALICEN SU TRABAJO DE BUENA GANA, COMO UN SERVICIO AL SEÑOR Y NO A LOS HOMBRES. PUES YA SABEN QUE CADA UNO, SEA ESCLAVO O LIBRE, RECIBIRÁ DEL SEÑOR SEGÚN LO QUE HAYA HECHO DE BUENO. EFESIOS 6:5–8

A EMPLEADORES Y SUPERVISORES USTEDES, AMOS, PÓRTENSE DEL MISMO MODO CON SUS SIERVOS, SIN AMENAZAS. RECUERDEN QUE TANTO USTEDES COMO ELLOS ESTÁN SUJETOS AL SEÑOR QUE ESTÁ EN EL CIELO, Y QUE ÉL NO HACE DIFERENCIA ENTRE UNA PERSONA Y OTRA. EFESIOS 6:9

A LOS JÓVENES DE LA MISMA MANERA, USTEDES LOS JÓVENES SOMÉTANSE A LA AUTORIDAD DE LOS ANCIANOS. TODOS DEBEN SOMETERSE UNOS A OTROS CON HUMILDAD, PORQUE: "DIOS SE OPONE A LOS ORGULLOSOS, PERO AYUDA CON SU BONDAD A LOS HUMILDES." HUMÍLLENSE, PUES, BAJO LA PODEROSA MANO DE DIOS, PARA QUE ÉL LOS ENALTEZCA A SU DEBIDO TIEMPO. 1 PEDRO 5:5–6

A LAS VIUDAS
LA VERDADERA VIUDA, LA QUE SE HA QUEDADO SOLA, PONE SU ESPERANZA EN DIOS Y NO DEJA DE ROGAR, ORANDO DÍA Y NOCHE. PERO LA VIUDA QUE SE ENTREGA AL PLACER, ESTÁ MUERTA EN VIDA. 1 TIMOTEO 5:5–6

A TODOS LOS CRISTIANOS EN GENERAL
LOS MANDAMIENTOS QUEDAN COMPRENDIDOS EN ESTAS PALABRAS: "AMA A TU PRÓJIMO COMO A TI MISMO." ROMANOS 13:9
ANTE TODO RECOMIENDO QUE SE HAGAN PETICIONES, ORACIONES, SÚPLICAS Y ACCIONES DE GRACIAS A DIOS POR TODA LA HUMANIDAD.
1 TIMOTEO 2:1

LO SUYO APRENDA CADA CUAL
Y EN CASA NADA PODRÁ IR MAL.